위대한 생각의 힘

제임스 앨런 지음 | 임지현 옮김

James Allen

문예출판사

As a Man Thinketh by James Allen
Copyright ©1902 by James Allen

The Path to Prosperity, by James Allen
Copyright ©1907 by James Allen

All rights reserved.

Korean Translation Copyright ©2002, 2005
by Moonye Publishing Co., Ltd.

이 책의 한국어판 저작권은 (주) 문예출판사에 있습니다.
이 책의 한국어판은 저작권법에 의해 한국 내에서
보호를 받는 저작물이므로
어떠한 형태로든 무단 전재와 무단 복제를 금합니다.

정신은 형상을 규정짓고 창조하는 전능한 힘이다.

인간은 정신이며 언제나 사고를 도구 삼아

원하는 것을 만들면서 수없는 환희와 불행을 낳았다.

인간은 은밀히 생각하며 생각은 현실로 나타난다.

환경은 그 생각의 거울에 지나지 않는다.

1부

위대한 생각의 힘

〈위대한 생각의 힘〉에 대하여 9

〈위대한 생각의 힘〉을 쓰면서 17

생각과 인격 19

생각이 상황에 미치는 영향 29

생각이 건강과 육체에 미치는 영향 59

생각과 목표 67

생각이 목표 성취에 미치는 영향 77

비전과 이상 89

평온 103

2부
행복하게 사는 지혜

〈행복하게 사는 지혜〉에 대하여 113

〈행복하게 사는 지혜〉를 쓰면서 117

악의 교훈 121

세상은 정신 상태를 비추는 거울 139

바람직하지 못한 상황에서 빠져나오는 법 159

생각의 소리 없는 힘 195

건강, 성공 그리고 힘의 비밀 219

끝없는 행복의 비밀 253

풍요로운 삶의 실현 275

옮긴이의 말 283

1부

위대한 생각의 힘

〈위대한 생각의 힘〉에 대하여

〈위대한 생각의 힘(As a man Thinketh)〉을 제임스 앨런이 세상에 내놓은 것은 약 1세기 전인 1902년이다. 그럼에도 〈위대한 생각의 힘〉은 여전히 시대의 흐름을 주도하는 자기 계발서로 전 세계에서 여전히 인기를 끌고 있다. 정확한 숫자를 파악하는 것은 불가능하지만 아마도 세계 역사상 가장 많은 독자를 확보하고 있는 자기 계발서이리라.

　〈위대한 생각의 힘〉은 막대한 수의 사람을 더

나은 인생으로 인도해왔을 뿐만 아니라, 유럽과 미국의 자기 계발서 작가들에게 강한 영향을 미쳐, 그들을 통해서도 많은 사람들의 마음을 고무시켜왔다. 《생각이 사람을 바꾼다》의 작가 데일 카네기, 《적극적 사고방식》을 쓴 노먼 빈센트 필, 《스스로 생각하는 사람이 된다》의 알 나이팅게일, 《세상에서 가장 위대한 세일즈맨》의 오그먼 디노, 《성공의 비결》의 나폴레옹 힐, 그 밖에 자기 계발에 흥미를 가진 사람이라면 누구나 알 만한, 이 분야 대가들이 여기에 포함된다.

제임스 앨런에 대해서는 이 책의 작가라는 사실 외에는 거의 알려져 있지 않다. 19권의 책을 남겼지만 어느 것 하나 그의 사적인 인생과는 거리가 멀다. 가족이나 친구들의 흥미로운 증언이 조금이나마 남아 있어서 이를 통해 앨런의 인물상을 추측할 수 있을 따름이다.

제임스 앨런은 생전에 눈에 띄는 명예도 부도 손에 쥔 적이 없다. 말하자면 인정받지 못한 천재였다. 작가로서의 수입은 얼마 되지 않았고, 그것으로 생계를 꾸려가기는 곤란했으리라 생각된다.

제임스 앨런은 1864년 11월 28일 영국의 레스터 시에서 태어났다. 그의 가족은 작은 사업을 했는데, 얼마 지나지 않아 거의 파탄 지경에 이르렀다. 1879년 그의 아버지는 재기를 꿈꾸며 미국으로 건너갔고, 그곳에서 자리를 잡는 대로 가족들을 불러들일 생각이었다고 한다. 그러나 미국으로 건너간 아버지는 곧 강도를 만나 목숨을 잃고 마는데, 이로 인해 앨런은 15살에 학교를 그

만두고 가족의 생계를 책임져야 했다.

한 기업체의 경영 보좌관으로 일하면서 근근이 생활을 꾸려가던 그는 1903년 인생의 전환점을 맞이하게 된다. 저술에 전념하며 살아가기로 결심한 앨런은 1912년 죽기까지 불과 9년이라는 짧은 기간이지만 19권의 책을 남긴다. 그가 남긴 책들은 그가 죽은 후에도 끊임없이 사랑을 받으며 후세 사람들의 마음을 자극했다.

제임스 앨런은 최초의 저서 《빈곤에서 권력으로》를 쓴 직후 잉글랜드 남부 해안 마을 일프라콤으로 이주한다. 해안을 따라 자리잡은 조용한 그 휴양지는 철학적 연구를 위해 그가 필요로 하는 분위기를 완벽하게 제공해주었다고 한다.

〈위대한 생각의 힘〉은 제임스 앨런의 두 번째 저

술이다. 그는 이 저술을 통해 후대에 길이 남게 될 자신의 철학을 포괄적이며 조리 있게 이야기했지만 스스로는 그 내용에 만족하지 않았다. 책으로 출간하게 된 것도 아내의 끈질긴 설득이 있었기에 가능한 일이었다.

그의 아내가 전하는 바에 따르면 앨런은 "사람들에게 전할 어떤 메시지가 있을 때만 글을 썼다"고 한다. 그리고 그것이 진정한 메시지가 되기 위해서는 "그가 자신의 인생에서 시험해보고, 좋다고 확신한 것"이어야만 했다.

그의 철학에는 "인간은 본디 악한 존재다"라는 예로부터의 교의를 "인간은 본디 선하고 고귀한 이성을 가지고 있다"는 낙천적인 이론으로 바꿔놓은 19세기 프로테스탄트 자유주의와 불교의

냄새가 짙게 배어 있다. 사실 그가 성서에서 인용한 이 책의 테마 "마음속으로 생각하는 대로의 인간이 된다"를 석가모니는 "지금 드러난 인생은 우리가 이제껏 생각해온 것의 결과물이다"라고 가르친다.

그러나 그의 철학은 사람들이 일반적으로 생각하는 종교적 가르침의 범위를 훨씬 넘어선 것이다. 〈위대한 생각의 힘〉은 더 나은 삶의 환경을 창조하는 마음에 초점을 맞춘 것으로, 누구나 이해할 수 있는 극히 포괄적이고 현실적인 인생 철학서다. 이 책 속에서 그는 단순히 철학을 설명하는 것이 아니라 우리에게 그것을 스스로 검증하도록 요구한다.

"자신이 처한 상황을 곰곰이 생각해보고 자기

존재의 기반이 되는 원리를 부지런히 찾기 시작할 때, 비로소 그는 자신의 에너지를 지성과 연결해 보람 있는 목적을 이루기 위해 생각을 부릴 수 있는 현명한 주인이 된다. 이런 사람이 깨어 있는 주인이며, 자기 내면에 존재하는 생각의 법칙을 발견해야만 그러한 주인이 될 수 있다. 생각의 법칙을 발견하려면 생각을 적절히 적용하고, 자신을 분석하고, 수많은 경험을 쌓아야 한다"고 작가는 말한다.

〈위대한 생각의 힘〉은 1세기 전에 쓰여졌지만 지금도 여전히 전 세계에서 독자가 늘고 있다. 특히 유럽과 미국 그리스도교 사회 내에서는 성서에 버금가는 스테디셀러로 자리잡았다. 특히 앞서 말했듯이 최근의 자기 계발서 작가들에게 큰 영향을 주어, 그들에게 가장 빈번히 인용되고 있는 철학서이기도 하다. 요즘 관심을 끌고 있는 성공 철학, 인생 철학의 대부분은 이 책의 내용에 구체적인 사례를 추가한 것에 불과하다고 말할 수 있을 것이다.

먼저 〈위대한 생각의 힘〉을 읽어보기 바란다. 그러면 당신은 어떻게 살고 있든, 어떤 상황에 빠져 있든 틀림없이 확실한 자신감을 얻게 될 것이다. 그리고 기회가 있을 때마다 다시 〈위대한 생각의 힘〉을 펼쳐 들고 읽기 바란다. 앨런의 제안에 따른다면 당신도 그것을 실천한 수많은 다른 사람과 같이 놀랄 만한 변화를 체험하게 될 것이다.

〈위대한 생각의 힘〉을 쓰면서

이 작은 책은 나의 오랜 사색과 체험의 결과다. 나는 이 책이 예부터 빈번히 이야기돼온 '생각의 힘'에 관한 완벽한 해설서라 주장할 생각은 없다. 내가 〈위대한 생각의 힘〉을 통해 말하고 싶은 건 단순한 설명이 아니라 내 생각을 드러내는 것이며, 사람들을 자극해 그들 스스로의 힘으로 '내가 곧 나의 창조자'란 사실을 깨닫게 하고자 한다.

제임스 앨런

생각과 인격

"사람의 인격은 자기 마음에 품은 생각을 닮게 마련"이라는 말은 사람이란 존재 전체뿐 아니라 삶의 모든 조건과 상황을 포괄하는 넓은 의미를 갖는다. 문자 그대로 사람이란 스스로의 생각과 같으며 인격이란 자신의 생각을 모두 더한 것이다.

식물이 씨앗 없이는 생겨날 수 없으며 씨앗에서부터 싹을 틔우듯이, 인간의 모든 행위는 생각의 보이지 않는 씨앗 없이는 밖으로 표출될 수 없다. 의도적인 행동뿐 아니라 '무의식적'이고 '우발적'인 행동 역시 생각에서 비롯된다.

행동은 생각의 꽃이며 기쁨과 고통은 그 열매

다. 그러므로 사람은 밭을 어떻게 가느냐에 따라 달콤한 과일을 수확할 수도 있고 쓴 과일을 수확할 수도 있다.

마음속에 품은 생각이
형상을 갖춰 세워지면 그것이
바로 지금 우리의 모습
마음속에 사악한 생각이 가득하다면
달구지가 소 뒤를 따르듯
고통이 그대를 따르리라
그대가 순결한 마음으로 참고 견딘다면
늘 뒤를 따르는 그림자처럼
기쁨이 그대를 따르리라.

인간은 자연의 섭리대로 성장하는 존재이지 잔재주로 만들어진 창조물이 아니다. 가시적인 물질 세계에서와 마찬가지로 원인과 결과는 생각이라는 보이지 않는 영역에서도 어김없이 분명하게 존재한다.

신을 닮은 숭고한 인격은 하늘의 은총으로, 또는 우연히 얻어지는 것이 아니라 옳은 생각만을 하려는 꾸준한 노력이 낳은 자연스러운 결과, 즉 숭고한 생각을 오랫동안 소중히 간직해온 대가다. 마찬가지로 천박하고 야만스러운 인격은 비열한 생각을 계속해서 마음속에 품어온 끝에 나타난다.

자기 운명의 주인은 바로 자신이다

사람을 성공시키거나 파멸시키는 것은 다름 아닌 그 자신이다. 생각이라는 무기고에서 우울함과 무기력과 불화 같은 무기를 만들어 자신을 파멸시킬 수도 있고 환희와 활력과 평화가 넘치는 천국 같은 집을 지을 도구를 만들 수도 있다. 올바른 생각을 선택하여 진실로 행함으로써 인간은 신과 같은 완벽한 경지에 오를 수 있다. 반대로 생각을 함부로 하거나 악용하면 짐승 이하의 존재로 전락하고 만다. 이 양극단 사이에 온갖 등급의 인격이 있으며 인격을 창조하고 소유하는 것은 바로 자신이다.

    영혼에 관한 모든 아름다운 진실 중에서도 인

간이 자기 생각의 주인이자 인격 형성의 주체며 상황과 주위 환경과 운명을 만들어 나가는 존재라는 사실보다도 더 기쁘고 보람된 것은 없다. 이는 신의 숭고한 약속이며 비밀이다.

    힘과 지성, 사랑 그리고 생각의 주인인 사람은 모든 상황에 대처할 수 있는 열쇠를 쥐고 있으며, 원하는 바를 이루도록 자신을 변화시키고 개선시킬 수 있는 능력을 내면에 지니고 있다.

    실의에 빠져 나약해져 있을 때조차도 사람은 언제나 자기 자신의 주인이다. 하지만 나약함과 타락에 젖어 있다면 그는 자신의 집안을 잘못 다스리는 어리석은 주인이다. 자신이 처한 상황을 곰곰이 생각해보고 자기 존재의 기반이 되는 원리를 부지런히 찾기 시작할 때, 비로소 그는 자신의 에너지를 지성과 연결시켜 보람 있는 목적을 이루기 위해 생각을 부릴 수 있는 현명한 주인이 된다.

이런 사람이 깨어 있는 주인이며, 자기 내면에 존재하는 생각의 법칙을 발견해야만 그러한 주인이 될 수 있다. 생각의 법칙을 발견하려면 먼저 생각을 적절히 적용하고, 자신을 분석하고, 수많은 경험을 쌓아야 한다.

구하라 그러면 찾을 것이니

황금과 다이아몬드를 손에 넣으려면 끊임없이 땅

을 파고 찾아 헤매야 하듯이 존재와 연관된 어떠한 진실이든 얻기 위해서는 영혼이라는 광산을 깊이 파내려 가야만 한다.

사람은 자신의 인격을 만들고 삶의 틀을 짜고 운명을 개척한다. 생각을 주의 깊게 제어하고 변화시켜, 자신이나 타인, 그리고 자신의 삶이나 주변 상황에 미치는 영향을 살펴본다면, 이 말의 진실성을 틀림없이 알게 될 것이다. 이것은 끈질긴 실천을 통해 원인과 결과를 연결해보고, 사소하기 짝이 없는 일상조차도 자신이 깨달음과 지혜와 능력의 존재라는 지식을 얻기 위한 수단으로 연구하고 활용함으로써 증명된다.

바로 이런 맥락에서 "구하라 그러면 찾을 것이요, 두드려라 그러면 열리리라"라는 법칙만큼

절대적인 것은 없다. 지속적인 인내와 실천만이
지식의 전당으로 들어가는 문을 열 수 있다.

생각이 상황에
미치는 영향

사람의 마음은 정원과 같아서 지혜롭게 가꿀 수도 있고 광야가 되도록 방치해둘 수도 있다. 그러나 가꾸건 방치하건 싹은 반드시 돋아난다. 제대로 씨를 뿌리지 않는다면 어디선가 잡초 씨가 날아 들어와 쓸모없는 잡초만 무성해진다.

정원사가 정원을 가꿀 때 잡초를 뽑고 자신이 원하는 꽃과 과일나무를 심듯이 인간은 마음속의 정원을 가꿔야 한다. 그릇되고 무익하고 불순한 생각의 잡초는 뽑아버리고 제대로 된 유익하고 순수한 생각의 꽃과 과실을 완벽에 가깝게 길러내야 한다.

이 과정을 거치면 곧 자신이 자기 영혼의 일급 정원사이자 자기 삶의 책임자임을 깨닫게 된다. 또한 자신 안에 있는 생각의 법칙을 발견하며, 인격, 상황, 운명을 형성하는 데 생각의 힘과 마음의 요소가 어떠한 작용을 하는지 점점 더 정확히 이해하게 된다.

생각과 인격은 하나다. 인격이 환경과 상황을 통해서만 발견되고 발휘될 수 있는 것처럼 삶의 외부적 조건은 언제나 개인의 내적 상태와 조화로운 관계를 맺는다. 이것은 어떠한 때에든 인간의 상황이 전체 인격을 가리킨다는 의미가 아니다. 다만 이러한 상황들이 사람 안의 필수 불가결한 생각—요소들과 아주 밀접하게 연관되어 있어 자신의 발달에 반드시 필요하다는 의미다.

모든 사람은 존재의 법칙에 의해 현재의 자리를 차지한다. 인격을 형성하게 한 생각이 그 사람을 그 자리로 인도한 것이다. 인생의 결말에 우연이 끼여들 여지는 없다. 모든 것이 오차가 있을 수 없는 법칙의 결과다. 이것은 자신의 처지에 불만을 느끼는 사람이나 만족하는 사람 모두에게 해당된다.

상황은 생각에서 나온다

계속해서 발전하고 진화하는 존재로서 사람은 자신이 성장할 수 있는 곳에 있게 된다. 그리고 그 상황 안에서 영적인 교훈을 얻음에 따라 점차 다른 상황으로 들어가게 된다.

 사람이 스스로를 외부 조건의 산물이라고 믿는 한 주변 상황은 계속해서 그에게 고통을 안겨 줄 것이다. 하지만 자기 스스로가 창조적인 힘이며 상황에서 자라난 자기 존재의 숨겨진 토양과 씨앗을 다스릴 수 있다는 사실을 깨닫는다면 자신의 참된 주인이 된다.

 자신을 정화하고 절제하는 훈련을 쌓은 사람이라면 누구나 상황이 생각에서 자라난다는 것을 안다. 상황의 변화는 정신적 변화에 정비례한다는 사실을 깨닫게 되기 때문이다. 진심으로 자기 인격의 단점을 고치기 위해 노력해서 뚜렷한 향상을 보았다면, 상황도 그만큼 빨리 변화시킬 수 있다.

영혼은 그 안에 은밀히 감추어진 것을 끌어당긴다. 사랑하는 것은 물론 두려워하는 것까지도 끌어당겨서, 영혼 안에 간직해온 원대한 포부만큼 높이 이르고 절제되지 않은 욕망의 나락만큼 추락한다. 상황은 영혼을 변하게 하는 수단이다.

마음속에 뿌린 생각의 씨앗은 뿌리를 내리고 곧 행동이라는 꽃을 피우며 기회와 상황이라는 열매를 맺는다. 좋은 생각은 좋은 열매를 맺고 나쁜 생각은 당연히 나쁜 열매를 맺는다.

상황이라는 외부 세계는 생각이라는 내부 세계에 따라 형성된다. 그것이 기분 좋은 것이든 불쾌한 것이든 외부의 상황은 개인의 궁극적인 선을 만드는 요소가 된다. 자신의 열매를 거두는 자로서 사람은 고난과 축복 모두에서 교훈을 얻는다.

도깨비불 같은 육체의 쾌락을 추구하든지 각고의 노력을 기울여가며 꾸준히 목표를 향해 나아가든지 간에, 가장 깊숙한 내면에 자리잡고 자신을 지배하는 욕망, 포부, 그리고 생각을 따르면 그 결과가 삶의 외부적 조건으로 결실을 맺게 된다. 성장과 적응의 법칙은 모든 것에 적용되기 마련이다.

정당하게 노력할 때만 얻을 수 있다

사람이 타락하거나 감옥에 가게 되는 것은 운명의 장난 탓이 아니라 비열한 생각과 천박한 욕망의 결과다. 바꿔 말해, 깨끗한 마음을 가진 사람이 단순한 외부의 충동에 이끌려 우발적으로 범죄를 저지르는 경우는 없다. 사악한 생각이 오랫동안 마음속에 은밀히 잠복했다가 때가 오면 순간적으로 한꺼번에 밖으로 표출되는 것이다.

상황이 인간을 만들지 않는다. 상황은 인간 내면이 외부로 드러난 것에 불과하다. 사악한 마음이 없는데도 악의 구렁텅이로 빠지거나 꾸준히 수양을 쌓지 않았는데도 순수한 행복의 경지에 이르는 법은 없다. 생각의 지배자이자 주인인 사람은 자신을 창조해내고 자신의 상황을 만들고 결정하는 존재다.

막 세상에 태어났을 때조차도 영혼은 활동을 하며, 인생 역정의 한 걸음 한 걸음을 옮길 때마다 부딪치는 상황은 영혼의 순결함과 더러움, 강인함과 나약함을 반영한다.

    이때 인간은 스스로 원하지는 않으나 자기 자신의 내면을 반영하는 상황과 부딪친다. 인간의 나약한 마음, 공상, 그리고 야망은 걸음을 옮길 때마다 좌절을 맛본다. 하지만 인간이 가장 깊숙한 곳에 간직한 생각과 욕망은 깨끗하건 더럽건 그 자신을 자양분 삼아 성장하는 것이다. 우리의 목적을 결정하는 신성함은 바로 우리 자신 안에 있다. 그것은 바로 우리 자신이다. 사람은 자기 자신에 의해서만 구속받는다. 저열한 생각과 행동은 숙명이라는 감옥을 지키는 간수가 되지만, 자유롭고 고귀한 생각과 행동은 자유를 수호하는 천사가 되기도 한다. 무엇이든 바라고 소망한다고 해서 얻을 수 있는 것이 아니라 정당하게 노력할 때만 얻을 수 있다. 소망과 기도는 생각과 행동이 조화를 이룰 때만 응답을 받는다.

이런 사실을 놓고 볼 때, "상황에 맞서 싸운다"는 말은 무슨 의미일까? 이것은 마음속에서 계속 그 원인을 키워왔지만 그 결과에 맞서겠다는 뜻이다. 원인은 의식적인 사악함이나 무의식적인 나약함의 형태를 띠고 있을지도 모른다. 하지만 무엇이 되었든 그것은 완강히 당사자의 노력을 무력화시켜 상황의 개선을 부르짖게 만든다.

자신이 처한 상황의 원인은 자신에게 있다

사람은 상황을 개선하려고 안간힘을 쓰지만 정작 자기 자신을 개선하는 데에는 소홀하다. 그러므로 우리는 한계에 부딪힐 수밖에 없다. 자기희생을 두려워하지 않는 자는 마음먹은 일을 반드시 성취한다. 이것은 정신적인 일뿐 아니라 세속적인 일을 성취하는 데에도 마찬가지로 적용된다. 거대한 부를 축적하는 것이 유일한 목표인 사람조차도 자신의 목표를 성취하기 위해서는 많은 자기희생을 치러야만 한다. 그러니 흔들림이 없는 조화로운 삶을 추구하는 사람은 얼마나 더 많은 희생을 치러야 하겠는가.

여기에 비참하리만큼 가난한 사람이 있다. 그는 자신의 처지와 가정 형편이 좀 더 나아지기를 갈망하면서도 언제나 일을 게을리하고, 고용주가 임금을 충분히 주지 않기 때문에 그를 속여도 거리낄 것이 없다고 생각한다. 이런 사람은 진정한 부를 이루는 근본 원칙 가운데에서 가장 간단한 기본 원리를 이해하지 못하고 있는 것이다. 나태하고 비겁하고 정직하지 못한 생각을 키우고 그런 방식으로 행동하는 사람은 절대로 자신이 처한 비참한 상황에서 헤어날 수 없으며, 더욱 비참한 가난을 자초하게 마련이다.

폭식 때문에 고통스럽고 끈질긴 병마와 싸우는 부자가 있다. 그는 병을 고치기 위해 막대한 돈을 지불할 용의는 있지만 본인의 식욕은 희생하지 않으려 한다. 기름기 많고 몸에 좋지 않은 음식을 실컷 먹으면서도 몸이 건강하기를 바란다. 이런 사람은 건강한 생활을 위한 가장 기초적인 원칙을 깨닫지 못하고 있기 때문에 건강을 되찾을 자격이 없다.

정당하지 못한 방법을 써서 규정된 임금을 지불하지 않으려는 고용주가 있다. 그는 더 많은 이윤을 남기기 위해 종업원들의 임금을 줄이려고 한다. 이러한 사람은 부를 얻을 자격이 없으며, 회사가 파산해서 명예와 부를 잃게 되어도 그런 상황을 자신이 자초했다는 사실을 알지 못하고 상황만을 탓할 것이다.

이 세 가지 예를 소개한 것은, 스스로 깨닫지 못하지만, 많은 사람들이 자신이 처한 상황의 원인을 제공한 장본인이며 목표와는 전혀 다른 생각과 욕망을 키움으로써 목표를 달성하지 못한다는 사실을 보여주고 싶었기 때문이다. 이러한 예는 주위에서 무수히 찾아볼 수 있다. 자신의 마음속에 있는 생각의 원칙이 어떻게 작용되어왔는지 살펴본다면 외적인 요소는 아무 이유가 될 수 없다는 사실을 알게 될 것이다.

선에서 악이 나올 수 없다

그러나 상황이란 너무나 복잡하며, 생각은 깊이 뿌리를 내리고 있고, 행복의 조건은 개인마다 다르다. 따라서 겉으로 드러난 삶만으로 그 사람의 전체적인 정신 상태를 판단할 수는 없다. 정직해도 가난한 사람이 있는가 하면 정직하지 못해도 부유한 사람이 있을 수 있다.

이런 모습을 보고 그가 정직한데도 가난하고 정직하지 못한데도 부유하다고 생각한다면 그것은 잘못이다. 그 판단의 뒤에는 정직하지 못한 사람은 타락한 사람이며 정직한 사람은 덕망 있는 사람이라는 전제가 깔려 있기 때문이다. 보다 깊은 지식과 폭넓은 경험으로 살펴볼 때 그러한 판단은 옳지 않다.

정직하지 못한 사람도 남에게 없는 훌륭한 미덕을 갖출 수 있고 정직한 사람도 남이 가지지 못한 사악함을 품을 수 있기 때문이다. 정직한 사람은 자신의 정직한 생각과 행동 덕분에 좋은 결과를 얻는 동시에 그 내면의 또 다른 사악함이 초래한 고통도 함께 받는다. 정직하지 못한 사람도 자기가 초래한 고통과 행복을 함께 누리는 것이다.

자신이 가진 미덕 때문에 고통을 받는다고 믿는 편이 자만심을 충족시켜줄 것이다. 하지만 모든 병적이고 불만스럽고 불순한 생각을 완전히 마음속에서 몰아내어 영혼에 한 점의 얼룩도 남기지 않은 뒤라면 몰라도 그 전까지는 자신의 악함이 아니라 선함 때문에 고통받는다고 당당하게 이야기할 수 없을 것이다.

완벽한 경지에 오르기 위해 정진하다 보면 정신과 삶에 작용하는 위대한 법칙을 발견하게 될 것이다. 이 완벽하게 정의로운 법칙은 절대로 선을 악으로 악을 선으로 보상하는 법이 없다. 이러한 지식을 터득한 뒤 과거의 무지하고 분별없던 과거를 되돌아보면 인생에 항상 공평한 질서가 작용했고 선하건 악하건 과거의 모든 경험은 점점 발전해가지만 아직 완전히 발전하지 않은 자아가 공정하게 작용함을 깨닫게 될 것이다.

사람은 자기 생각을 닮는다

선한 생각과 행동은 절대로 나쁜 결과를 낳지 않는다. 악한 생각과 행동은 절대로 좋은 결과를 낳지 않는다. 이것은 "콩 심은 데 콩 나고 팥 심은 데 팥 난다"는 속담 그대로다. 사람은 자연 세계의 이러한 법칙을 알고 이에 따라 일하면서도, 정신과 도덕 세계에서 역시 이러한 단순하고 엄정한 법칙이 적용된다는 사실은 알지 못해 그에 따르지 않는다.

고통은 나쁜 생각을 한 결과다. 즉 자기 자신 또는 존재의 법칙과 조화를 이루지 못했다는 표시다. 고통을 가장 현명하게 활용하는 유일한 방법은 내면의 불순하고 쓸모없는 모든 것을 태워 버리고 정화시키는 것이다. 순결한 사람에게서는 고통이 사라진다. 모든 불순물을 제거한 후에는 더 이상 금을 불에 달굴 필요가 없듯이 완벽하게 순수한, 깨달음을 얻은 존재는 더 이상 고통을 당하지 않는다.

고통스러운 상황은 정신의 조화가 깨졌을 때 나타나며, 행복에 찬 상황은 정신의 조화가 이루어졌을 때 나타난다. 행복은 물질적인 소유에 있는 것이 아니며, 생각을 바르게 하고 있다는 증표가 된다. 사람은 부유해도 불행할 수 있으며 가난해도 행복할 수 있다. 정당하고 현명하게 부를 사용할 때만 행복과 부가 결합될 수 있다. 가난을 자신의 운명에 부당하게 부과된 무거운 짐으로 여기면 불행의 수렁으로 떨어지게 된다.

불행의 양극단을 이루는 것은 결핍과 과잉이다. 양자 모두 자연의 섭리에 어긋난 것이며 정신적인 무질서에서 온다. 사람은 행복하고 건강하고 풍요한 존재가 될 때까지는 올바른 조건에 놓여 있지 않은 것이다. 행복과 건강과 풍요는 내면 세계와 외부 세계, 인간 자신과 그를 둘러싼 환경이 조화를 이룰 때 나타나는 결과이기 때문이다.

내면에 숨겨진 힘을 찾아라

사람은 불평과 원망을 멈추고 자신의 삶을 관장하는 숨겨진 정의를 찾아 나설 때에야 비로소 사람다운 사람이 된다. 그리고 삶을 관장하는 요인에 대해 진지하게 성찰하다 보면, 자신이 현재 처지에 이르게 된 원인을 다른 사람의 탓으로 돌리지 않고 자기 내면에 좀 더 강하고 고귀한 생각을 쌓게 된다. 상황에 맞서 싸우는 대신 자기를 발전시키고 내면의 힘과 가능성을 발견하는 도구로 삼는다.

우주를 지배하는 법칙은 혼란이 아닌 질서다. 영혼과 삶의 본질은 불의가 아닌 정의다. 인간의 정신 세계를 주도하고 형성하는 힘은 부정이 아니라 올바름이다. 따라서 우주가 정의롭다는 것을 깨달으려면 자신을 바로 세울 수밖에 없다. 그리고 자신을 바로 세우는 과정에서 세상과 다른 사람에 대한 생각이 바뀌고 세상과 다른 사람도 자신에 대해 달리 생각하게 된다는 사실을 깨닫게 될 것이다.

 이 진리의 증거는 모든 사람에게 있으며, 체계적인 성찰과 자기 분석을 통해 쉽게 발견할 수 있다. 자신의 생각을 파격적으로 바꾸어보라. 그에 따라 자신을 둘러싼 물질적 조건이 파격적으로 바뀌는 데에 놀라게 될 것이다.

부정한 생각은 부정한 상황을 만든다

사람은 생각을 비밀스럽게 간직할 수 있다고 믿지만 그것은 불가능하다. 생각은 습관으로 구체화되며 버릇은 상황으로 고착된다.

- ⚜ 천박한 생각은 음주벽과 방탕한 습관으로 나타나며, 빈곤과 질병이라는 상황을 낳는다.
- ⚜ 모든 종류의 불순한 생각은 무기력하고 무질서한 습관으로 나타나며 혼란스럽고 불행한 상황을 낳는다.
- ⚜ 두려움, 의심 그리고 우유부단한 생각은 유약하고 비겁하고 결단력 없는 습관으로

나타나고 실패와 빈곤과 노예처럼 예속된 상황에 빠지게 만든다.

✧ 게으른 생각은 불결하고 정직하지 못한 습관으로 드러나며 비천하고 궁핍한 상황을 낳는다.

✧ 증오와 저주로 가득 찬 생각은 비난과 폭력을 일삼게 만들며 상처를 입거나 법에 쫓기게 한다.

✧ 모든 종류의 이기적인 생각은 자기중심적인 습관이라는 형태로 나타나며 결국은 고통스러운 상황을 낳는다.

아름다운 생각은 따뜻한 상황을 만든다

한편 모든 종류의 아름다운 생각은 품위 있고 친절한 습관으로 구체화되며 우호적이고 따뜻한 상황을 낳는다.

- ⚜ 순결한 생각은 자신을 절제하고 다스리는 습관으로 나타나며 평안하고 평화로운 상황을 낳는다.
- ⚜ 용기 있고, 남에게 의존하지 않고, 결단력 있는 생각은 용감하고 당당한 습관으로 나타나며 풍요롭고, 자유로우며 성공을 누리는 상황을 낳는다.
- ⚜ 활력이 넘치는 생각은 청결하고 부지런한

습관으로 나타나며 쾌적하고 평화로운 상황을 끌어낸다.

✤ 온화하고 너그러운 생각은 친절한 습관으로 나타나 다른 이를 보호해주고 지켜주게 만든다.

✤ 다정하고 남을 배려하는 생각은 남을 위해 희생하는 습관으로 나타나며 확실하고 지속적인 번영과 진정한 부를 누리게 한다.

세상은 스스로 만드는 만화경 같은 것

선하건 악하건 어떤 생각을 지속적으로 하면 반드시 그 결과가 인격과 상황에 나타난다. 사람은 자신의 상황을 직접 선택할 수는 없지만 자신의 생각은 선택할 수 있으므로, 간접적이지만 확실하게 자신이 원하는 상황을 만들 수 있다. 자연의 섭리는 사람이 제일 많이 하는 생각이 충족되도록 도와준다. 그리고 선한 생각이 되었건 악한 생각이 되었건 그 생각이 빨리 현실로 이루어지도록 기회를 제공한다.

사악한 생각을 버리면 세상은 그를 따뜻하게 맞아주고 기꺼이 도움의 손길을 뻗는다. 나약하고 뒤틀린 생각을 버리면 그의 굳은 결심을 도우려는 기회의 손길이 여기저기서 나타난다. 선한 생각을 키워 나가면 어떠한 역경도 비참하고 수치스러운 삶으로 그를 떨어뜨리지 못한다.

세상은 자신이 만드는 만화경이다. 순간마다

바뀌는 색채의 조합처럼 언제나 변화하는 생각에 따라 정교하게 바뀌는 그림을 세상은 우리에게 보여준다.

그대는 자신이 원하는 사람이 될 것이다.
실패를 세상 탓으로
돌리려 해도
이를 꾸짖는 정신은 사실 자유로운 것.

정신은 시간을 지배하고 공간을 정복한다.
요행이라는 사기꾼에게 호통을 치며
폭군인 상황을 왕좌에서 내몰아
시종의 자리를 지킬 것을 명한다.

불멸의 영혼이 낳은 자식이며
보이지 않는 힘인 인간의 의지는
거대한 장벽이 가로막으면
이를 뚫고 목표를 향해 나아간다.

늦어진다고 초조해하지 말고
깨달음을 얻은 자로서 기다려라
영혼이 솟구쳐 오르며 명령할 때
신들은 복종하리라.

생각이 건강과 육체에
미치는 영향

육체는 정신의 하인이다. 육체는 정신의 작용에 따른다. 의도하건 부지불식간에 표출되건 육체는 반드시 정신의 작용에 따른다. 옳지 못한 생각을 하면 육체는 급속히 병으로 쇠약해진다. 즐겁고 아름다운 생각을 하면 육체는 젊음과 아름다움을 얻는다.

　병과 건강은 상황과 마찬가지로 생각에 그 뿌리를 두고 있다. 병든 생각은 병든 육체로 나타난다. 두려움은 총알처럼 사람을 죽음에 이르게 할 수 있다. 두려움은 수많은 사람을 서서히 죽음으로 몰아간다. 병마의 두려움에 사로잡힌 사람들이 병에 걸린다. 불안은 육체를 빠른 속도로 쇠약하게 하며 마침내 병에 이르게 한다. 불순한 생각을 하면 실제로 이를 행하지 않았다 하더라도 곧바로 신경계가 손상된다.

강하고 순결하고 즐거운 생각은 육체를 활기차고 품위 있게 만들어준다. 육체는 섬세하고 유연한 기관이기 때문에 생각에 즉각적으로 반응하고, 습관처럼 품고 있는 생각에 따라 좋건 나쁘건 그 영향이 그대로 몸에 나타난다.

부정한 생각을 품고 있는 사람은 불순하고 오염된 피를 갖게 될 것이다. 깨끗한 마음에서 깨끗한 삶과 깨끗한 육체가 나온다. 더럽혀진 마음은 더럽혀진 삶과 병든 몸으로 이어진다. 생각은 행동, 삶, 그리고 밖으로 표출되는 생각의 외양을 결정짓는 원천이다. 따라서 그 원천을 순결하게 유지하면 모든 것이 순결하게 될 것이다.

식생활을 바꾼다고 해도 생각을 바꾸지 않으면 아무 도움이 되지 않을 것이다. 생각을 순결하게 가꿔야 더 이상 순결하지 않은 음식을 찾지 않게 된다.

깨끗한 생각은 깨끗한 습관을 낳는다. 흔히 성자라고 일컫는 사람이라도 자신의 육체를 정결하게 하지 않는다면 그는 성자가 아니다. 자신의 생각을 단련하고 정화시키는 사람은 악성 세균을 걱정할 필요가 없다.

정신이 건강을 결정짓는다

완벽한 몸을 갖고 싶다면 마음을 잘 다스려야 한다. 몸을 새롭게 가꾸고 싶다면 마음을 아름답게 가꿔야 한다. 악의와 질투, 실망, 낙심에 찬 생각은 육체에서 건강과 품위를 앗아가버린다. 나쁜 인상은 우연히 얻어지는 것이 아니라 나쁜 생각 때문에 그렇게 되는 것이다. 보기 싫은 주름살들은 어리석음, 탐욕, 그리고 자만심 때문에 생긴다.

나는 소녀처럼 밝고 해맑은 얼굴을 가진 아흔여섯 살 된 할머니를 알고 있다. 또 아직 중년이 되려면 멀었는데도 얼굴이 주름살로 덮인 남자도 안다. 할머니는 부드럽고 밝은 성격 때문에 젊음을 유지하는 것이고, 남자는 탐욕스럽고 불만에 가득 찬 성격 때문에 나이보다 더 빨리 늙어버린 것이다.

통풍이 잘되고 햇빛이 잘 들어야 쾌적하고 위생적인 집이 될 수 있듯이, 즐겁고 선하고 평화로운 생각을 통해서만 건강한 육체와 밝고 행복하며 온화한 표정을 가질 수 있다.

나이 든 사람들의 얼굴에는 동정으로 생긴 주름이 있다. 굳건하고 순결한 생각 때문에 생긴 주름이 있는가 하면 탐욕으로 인해 생긴 주름도 있다. 이들의 차이를 구별 못할 사람이 어디 있겠는가? 정의로운 인생을 살아온 이들에게 나이를 먹는다는 것은 지는 해처럼 고요하고 평화롭고 온화한 것이다. 얼마 전에 한 철학자의 임종을 지켜보았다. 그는 나이는 많았지만 노인처럼 보이지 않았다. 그는 생전의 모습 그대로 아름답고 평온하게 눈을 감았다.

육체의 병마를 몰아내는 데 밝고 명랑한 생각보다 더 좋은 의사는 없다. 슬픔과 비탄의 그림자를 몰아내는 데에 친절한 마음보다 더 좋은 약은 없다. 악의와 냉소, 의심과 시기 속에서 살아가는 것은 자신이 만든 감옥에 스스로 갇혀 있는 것과 같다. 그러나 모든 것에 대해 긍정적이고 밝게 생각하려 하고 모든 것에서 좋은 점을 찾고자 인내를 갖고 노력하는 이타적인 사람은 바로 천국의 문턱에 이른 것이나 마찬가지다. 또한 날마다 모든 살아 있는 것에 대해 평화로운 생각에 잠기는 사람에게는 넘치는 평화가 찾아올 것이다.

생각과 목표

생각이 목표와 결합되지 않는 한 지적인 성취는 얻을 수 없다. 대다수의 사람들은 생각의 배가 그저 인생이라는 바다를 표류하도록 내버려둔다. 목적 없는 표류는 흔히 볼 수 있는 죄악이며, 재난과 파멸을 피하려는 사람들은 이러한 표류가 계속되도록 내버려둬서는 안 된다.

인생에 중심이 되는 목표를 갖고 있지 않은 사람들은 잔걱정이나 두려움, 고난, 그리고 자기연민 같은 나약함에서 비롯되는 징후에 사로잡히기 쉽다. 뿐만 아니라 의도적인 범죄를 저질렀을 때와 마찬가지로 실패, 불행, 상실에 빠지기도 쉽다. 왜냐하면 나약함은 강력한 힘으로 진화를 거듭하는 우주에서 오래 버틸 수 없기 때문이다.

그러므로 사람은 누구나 마음속에 올바른 목표를 설정하고 그것을 이루기 위해 노력해야 한다. 또 이러한 목표를 생각의 구심점으로 삼아야 한다. 목표는 저마다의 기질에 따라 영적인 이상의 형태를 띨 수도, 세속적인 모습으로 나타날 수도 있다. 하지만 어떠한 것이든 간에 항상 자신이 세운 목표에 꾸준히 사고력을 집중시켜야 한다.

이 목표를 가장 우선적인 의무로 삼아 이를 달성하기 위해 노력을 아끼지 말아야 한다. 뿐만 아니라 덧없는 망상이나 막연한 동경과 공상에 빠져 생각이 갈피를 잡지 못하게 되는 일이 생겨서는 안 된다. 목표를 향해 노력하는 길만이 자기를 통제하고 진정으로 생각에 집중하도록 할 수 있는 왕도다.

목표를 성취하기 위해 한 걸음씩 나아가는 가운데 실패를 거듭하겠지만, 이는 자신의 단점을 극복할 때까지 반드시 겪어야 할 과정이다. 실패를 통해 얻은 강인한 인격은 진정한 성공을 쟁취하는 수단과 힘과 승리가 보장된 미래를 위한 출발점이 될 것이다.

거대한 목적에 대한 부담감을 갖고 있는 사람들은 일단 아무리 하찮아 보일지라도 일상의 의무를 완벽하게 수행하는 데 생각을 집중해야 한다. 이런 방법을 통해서만 생각을 한데 모을 수 있으며 단호함과 추진력을 기를 수 있다. 이 과정을 거치면 이루지 못할 것이 없다.

목표가 있어야 강한 영혼을 기를 수 있다

자신의 약점을 파악하고, 힘은 노력과 실천에 의해서만 기를 수 있다는 진리를 믿는다면, 약하기 그지없는 영혼을 지녔다 하더라도 분발할 수 있다. 노력에 노력을 더하고, 인내에 인내를 거듭하고, 힘에 힘을 더하면 영혼은 끊임없이 자라나 마침내 거룩한 위용을 드러내게 될 것이다.

몸이 약한 사람이 주의 깊게 꾸준히 훈련을 함으로써 강인한 체력을 얻게 되듯이 나약한 생각을 가진 사람 역시 올바르게 생각하는 훈련을 통해 정신을 단련할 수 있다.

목적 의식 없는 나약한 기질을 과감히 떨쳐버

리고 목적을 갖고 생각하기 시작하면, 실패를 성공의 어머니라 여기고 모든 상황을 자기에게 유리하도록 전환시키며 강인한 정신력으로 겁 없이 시도하고 훌륭하게 성취하는 강한 사람들의 반열에 끼게 된다.

일단 목표를 설정하면 마음속으로 목표에 이르기 위해 한눈 팔지 않고 곧은길을 가겠다고 굳게 결심해야 한다.

의심과 두려움은 온 힘을 다해 마음속에서 몰아내야 한다. 그것들은 노력이라는 곧은길을 망가뜨리고 휘어 쓸모 없게 만들어버린다. 두려움과 의심에 가득 찬 생각으로는 절대로 아무것도 이룰 수 없고 언제나 실패할 뿐이다. 목적, 힘, 실행력을 비롯한 모든 강한 생각은 의심과 두려움이 기어들어온 순간 멈춰 선다.

두려움과 의심을 몰아내라

하려는 의지는 할 수 있다는 사실을 깨달을 때 나오는 법이다. 두려움과 의심은 이러한 사실을 깨닫지 못하게 하며, 이러한 마음을 몰아내지 않고 키우는 사람은 매순간 좌절할 수밖에 없다.

두려움과 의심을 정복한 자는 실패를 정복한 것과 마찬가지다. 모든 생각이 힘과 손을 잡으면 어떠한 고난에도 용감하게 맞서 지혜롭게 이겨낼 수 있다. 목표는 제때에 심겨 꽃을 피우고, 익기 전에 땅에 떨어져버리는 일 없이 풍성한 열매를 거둘 수 있다.

두려움 없이 목표와 생각이 힘을 모으면 창조적인 힘이 된다. 이 사실을 깨달으면 줏대 없는 생각과 변덕스러운 감정 덩어리를 넘어선 좀 더 높고 강한 존재가 될 준비가 된 것이다. 그리고 이를 실행하는 자는 자신의 정신력을 현명하고 의식 있게 사용하는 사람이 된다.

생각이 목표 성취에
미치는 영향

성취하는 모든 것과 성취하지 못하는 모든 것은 자신이 품어온 생각의 직접적인 결과다. 균형이 깨진다는 것이 파멸을 의미할 정도로, 완벽한 조화가 이루어진 우주에서 개인의 책임이란 절대적이다.

한 인간의 장점과 단점, 순수함과 더러움은 다른 누구도 아닌 그 자신의 것이다. 자기 스스로 만든 것이며 다른 사람들이 만들어준 것이 아니다. 그러므로 그것들을 바꿀 수 있는 사람은 오직 자기 자신밖에 없다. 자신이 처한 상황은 자신의 것이며 다른 누구의 것도 아니다.

자신의 고난과 행복은 자신의 내면에서 나온다. 자신의 생각은 바로 자기 자신이다. 생각을 계속하는 한 사람은 자기 자신으로 남을 수 있다.

약자가 도움을 받을 준비가 되어 있지 않다면 강자는 그를 도울 수 없다. 거기에 더해 약자 스스로 강해지려는 노력이 필요하다. 약자는 노력을 통해 다른 이들에게서 보고 부러워했던 강함을 계발해야 한다. 자신의 상황을 바꿀 수 있는 것은 자기 자신밖에 없다.

"단 한 사람의 독재자 때문에 많은 사람이 노예가 되었으니 그를 증오해야 한다"라는 것이 대다수의 생각이다. 그러나 최근 소수의 사람들 사이에서 이를 반대로 뒤집어 "많은 노예들 때문에 한 사람의 독재자가 생겼으니 노예들을 경멸하자"는 생각이 싹트고 있다.

사실 독재자와 노예는 자신도 모르는 사이에 서로 협조하고 있다. 겉으로는 서로를 괴롭히는 것처럼 보일지 모르나 실제로는 자기 자신을 괴롭힐 뿐이다. 완전한 깨달음을 얻은 사람들은 억압받는 자들의 나약함과 억압하는 자의 권력 남용 사이에 어떤 법칙이 작용하고 있다는 사실을 안다. 완전한 사랑의 경지에 오른 자들은 양쪽 모두가 겪는 고통을 보기 때문에 어느 쪽도 비난하지 않는다. 또한 완전한 자비의 경지에 이르면 억압하는 자와 억압받는 자 모두를 포용한다.

자신의 나약함을 극복하고 모든 이기적인 생각을 몰아낸 사람이라면 남에게 억압받거나 남을 억압하지 않는다. 그 어느 쪽에도 속하지 않는 그는 자유로운 인간이다.

자신의 생각을 한층 더 높이 끌어올려야 도약하고 정복하고 성취할 수 있다. 그것을 거부하는 자들은 나약하고 비참하고 비굴한 존재로 남아 있을 수밖에 없다.

희생 없이는 발전도 없다

뭔가를 성취하려면 아무리 세속적인 일일지라도 노예적이고 동물적인 방종에서 생각의 수준을 끌어올려야 한다. 성공하기 위해 모든 동물적인 본능과 이기심을 버릴 필요는 없지만 그래도 일부는 반드시 희생해야 한다.

본능적인 쾌락을 제일 먼저 생각하는 자는 명석하게 사고하지 못할 뿐 아니라 꼼꼼하게 계획을 세우지도, 자신의 잠재력을 찾아 계발하지도 못하고, 하는 일마다 실패한다. 단호하게 자신의 생각을 통제하려고 하지 않으면 업무를 관장하거나 막중한 책임을 수행할 수 없다. 그런 사람은 독자적인 행동을 할 수도 없고 자립할 수도 없다. 그는 자신이 선택한 생각의 수준에 맞는 인간이 될 것이다.

희생 없이는 발전도 성취도 없다. 마음을 산란하게 하는 방탕한 생각을 떨쳐버리고 자신이 구상한 계획의 진행에 몰두하여 당초의 자신감과 결심을 굳게 다지는 데 얼마나 신경을 썼느냐에 따라 성공의 규모가 좌우될 것이다. 따라서 생각을 높이 끌어올릴수록 더욱 용기 있고 바르고 정의로운 사람이 되어 더 큰 성공을 거두게 되며, 그가 성취한 업적도 더욱 오랫동안 칭송받고 지속될 것이다.

겉으로 보기에 세상은 탐욕스럽고 정직하지 못하고 사악한 자들 편이라고 느껴지기도 하지만 사실은 그와 반대다. 우주의 섭리는 정직하고 너그럽고 덕망 있는 자들 편이다. 역사 속의 모든 위대한 스승들은 여러 가지 방식으로 이 사실을 주창해왔다. 이것을 증명하고 깨우치려면 생각을 고양함으로써 꾸준히 덕을 쌓아야만 한다.

실패도 성공도 생각에서 온다

지적인 성취는 지식과 삶이나 자연계의 아름다움과 진실을 탐구하는 데 생각을 집중한 결과다. 이러한 성취는 때때로 자만심이나 야망과 연결될 수 있지만 그렇다고 해서 자만심과 야망에서 나오는 것은 아니다. 지적인 성취란 오랜 시간 열심히 노력하고 순결하고 이타적인 생각을 할 때 자연히 얻어지는 결과다.

영적인 성취는 성스러운 것을 향한 갈망의 정점이다. 언제나 숭고하고 고귀한 생각을 하면서 순수하고 이타적인 생각에 잠겨 있는 사람이 지혜롭고 고귀한 인격을 갖게 되어 다른 사람에게 축복과 영향을 주는 위치에 오르는 것은 태양이 정점에 이르고 달이 차는 것처럼 자명한 이치다.

성취란 어떤 종류든지 노력과 생각의 결과다. 자기 절제, 결단력, 순결함, 정의, 그리고 올바른 생각은 사람이 좀 더 높은 차원으로 오를 수 있도록 돕는다. 방탕함, 방종, 불순함, 부정, 그리고 혼란스러운 생각은 사람을 추락시킨다.

커다란 성공을 거두고 심지어 영적인 세계에서 높은 수준에 오른 사람이라 할지라도 오만함, 이기심, 그리고 부정한 생각을 갖게 되면 다시 비참하고 무력한 상황으로 떨어질 수 있다.

올바른 생각으로 얻은 승리라도 조심스럽게 지키지 않으면 안 된다. 많은 사람들이 성공이 눈앞에 보이면 방심해서 다시 실패의 나락으로 굴러 떨어진다.

사업에서든 학계에서든 영적인 영역에서든 모든 성취는 명확하게 설정된 생각의 결과며 같은 원리에 의해 지배받고 같은 방법에 의해 얻을 수 있다. 단지 대상의 차이가 있을 뿐이다.

작은 성취를 이루는 데는 작은 희생이 있으면 된다. 커다란 성취를 이루려면 큰 희생이 필요하다. 높은 곳에 이르기 위해서는 그만큼 엄청난 희생을 치러야만 한다.

비전과 이상

꿈이 있는 자들은 세계를 구원한다. 눈에 보이는 세계가 눈에 보이지 않는 것들로 유지되듯이 사람 역시 모든 시련과 죄와 더러움에 허덕여도 외롭게 꿈꾸는 이들의 아름다운 비전으로 삶이 윤택해지는 것이다. 인류는 꿈이 있는 자들을 잊을 수 없다. 그들의 이상이 빛바래고 사라지게 놔두지 않는다. 인류는 그들의 꿈속에 살며 그들의 꿈이 언젠가 눈에 보이는 실체가 되리라는 사실을 알고 있다.

작곡가, 조각가, 화가, 시인, 선지자, 현자와 같은 이들은 미래를 만들고 천국을 건설하는 사람들이다. 이 세상이 아름다운 것은 그들이 존재하기 때문이며, 그들이 없다면 고통에 시달린 나머지 인류는 멸망할지도 모른다.

아름다운 비전을 간직하고 마음속에 숭고한 이상을 품은 사람은 언젠가는 이를 실현한다. 미지의 세계에 대한 비전을 간직했던 콜럼버스는 신대륙을 발견했다. 우주의 다양성에 대한 비전을 키우던 코페르니쿠스는 그 신비를 증명했다. 티 한 점 없는 아름다움과 완벽한 평화가 있는 영적인 세계를 꿈꾸던 석가모니는 결국 그 세계로 들어갔다.

자신의 비전을 소중히 간직하라. 자신의 이상을 소중히 간직하라. 마음을 흔드는 음악, 마음속에서 우러나오는 아름다움, 순수한 생각 위에 드리워진 사랑스러움을 소중히 간직하라. 모든 즐거움과 천국 같은 세계는 바로 그 속에서 자라난다.

이러한 것을 소중히 간직한다면 마침내 당신이 꿈꾸던 세계를 만들 수 있을 것이다. 원하면 얻을 것이고 갈망하면 이룰 것이다. 저속하기 짝이 없는 욕망이 충분한 보답을 받고 순결한 열망이 하릴없이 시드는 일이 있겠는가? 이러한 이치에 어긋나는 상황은 절대로 일어나지 않는다.

숭고한 꿈을 꾸어라. 그러면 자신이 꿈꾸는 대로 이루어진다. 비전은 언젠가 이루어질 당신의 모습에 대한 약속이며 이상은 당신이 드러낼 참 모습에 대한 예언이다.

꿈은 현실을 낳는다

위대한 성취도 처음에는 그저 꿈에 지나지 않았다. 참나무는 도토리 안에 잠들어 있고 새는 알 속에서 부화하기를 기다리듯이 영혼의 숭고한 비전에는 천사가 몸을 뒤척이고 있다. 꿈은 장차 현실이 될 어린 나무와 같다.

당신이 처한 상황이 마땅치 않더라도 이상을 간직하고 거기에 도달하려고 애쓴다면 그 상황은 오래 지속되지 않을 것이다. 정신이 바쁘게 움직이는데 몸이 제자리에서 가만히 있을 수는 없기 때문이다.

여기 가난과 힘겨운 노동에 짓눌린 한 젊은이가 있다. 유해한 작업장에서 오랜 시간 동안 꼼짝

하지 않고 일해야 하며 교육도 받지 못하고 세련된 예술을 접하지도 못했다. 하지만 그는 더 나은 삶을 꿈꾸고 있다. 그리고 지성, 교양, 우아함과 아름다움에 대해 생각한다. 그는 삶의 이상적인 조건을 그리면서 마음속으로 이를 키워 나간다. 보다 많은 자유와 더 큰 세계에서 활동하겠다는 비전이 그를 사로잡는다. 마침내 조바심이 난 그는 자신의 비전을 향해 움직이기 시작하고 조금밖에 되지 않는 모든 여가 시간을 자신의 잠재력과 재능을 계발하는 데 활용한다.

얼마 되지 않아 완전히 변해버린 그의 정신 세계는 더 이상 그를 작업장에 붙어 있지 못하게 만든다. 자신의 정신과 너무나 동떨어진 상황은 헌 옷처럼 그의 삶에서 떨어져 나가고, 그의 능력이 커질수록 더 많은 기회가 찾아와 그는 영원히 과거와 결별하게 된다.

세월이 흘러 완전한 성인이 된 젊은이를 본다. 그는 그 누구도 따를 수 없는 내면의 힘을 지닌 스승이 되어 온 세계 사람들에게 영향을 주게 되었다. 그의 손에는 막중한 책임이 쥐어져 있다. 그가 입을 열면 사람들의 삶이 바뀐다. 남자든 여자든 그의 말과 생각에 감화를 받아 자신의 인격을 바꾼다. 수많은 사람의 운명이 그의 주위를 도는 가운데 그는 태양처럼 빛난다. 그는 젊은 날의 비전을 실현시켰다. 그는 자신의 이상과 하나가 된 것이다.

당신도 헛된 소망이 아니라면 마음속에 간직한 비전을 실현할 수 있다. 사람은 언제나 은밀히 가장 사랑하는 것에 끌리게 마련이므로, 그 결과는 저속할 수도 있고 아름다울 수도 있고 두 가지 속성이 뒤섞인 것이 될 수도 있다. 당신의 손에는 자기가 품어온 생각에 대한 결과가 정확하게 쥐어질 것이다. 당신이 정당하게 받을 몫에서 한 치의 가감도 없을 것이다. 현재 처한 상황이 무엇이 되었든 간에 자신의 생각, 비전, 그리고 이상에 따라 추락하거나 비상하거나 아니면 그 자리에 그대로 머물게 될 것이다. 소망을 억누르면 그만큼 작은 인물이 되고 자신을 지배하는 열망이 크면 큰 인물이 될 것이다.

배울 준비가 되면 스승이 나타난다

스탠턴 커크햄 데이비스의 아름다운 글 중에 다음과 같은 구절이 있다.

……그대는 지금 회계 장부를 정리하고 있을지도 모르지만, 이제 그토록 오랫동안 그대의 이상을 가로막아온 문밖으로 걸어나가 보라. 수많은 관객이 그대를 바라보고 있음을 알게 될 것이다. 귀 뒤에 여전히 펜을 꽂은 채이고 손가락에는 잉크 얼룩이 남아 있지만, 그 순간 그대의 영감은 급류를 타고 밖으로 분출될 것이다.

그대는 지금 양 떼를 몰고 있을지도 모르

지만, 세상 물정 모르는 어리둥절한 얼굴을 하고라도 도시로 떠나보라. 그대의 대담한 영혼이 이끄는 대로 위대한 현자의 연구실을 찾아가보라. 세월이 흐른 뒤 스승은 더 이상 그대에게 가르칠 것이 없다고 말할 것이다. 양 떼를 몰면서 원대한 꿈을 꾸던 그대는 마침내 바라는 대로 현자가 되었다. 세상을 변혁시키려면 양 떼를 모는 지팡이는 과감히 내려놓아야 한다.

행운은 없다

생각 없고 무지하고 게을러서 사물의 표면적인

결과만을 보고 사물의 본질을 보지 않는 자들은 행운이나 우연이나 재수와 같은 말을 자주 사용한다. 재산이 점점 늘어나는 사람을 보면 그들은 "저 친구는 참 재수가 좋아" 하고 말한다. 학문적인 성과를 쌓아가는 사람을 보면 "저 친구는 신의 사랑을 받는군" 하고 말한다. 고매한 인격으로 다른 사람을 감화시키는 사람을 보면 그들은 "하는 일마다 운도 좋군" 하고 말한다.

그들은 업적을 이룬 사람들이 경험을 쌓기 위해 기꺼이 시련과 실패와 투쟁의 길을 택했다는 사실을 모른다. 이들이 도저히 극복할 수 없을 것 같은 장애물을 넘어 마음속에 간직한 비전을 실현시키기 위해 어떠한 희생을 치렀고, 얼마나 많은 노력을 했고, 어떻게 흔들리지 않는 신념을 지켜왔는지 그들은 알지 못한다.

그들은 겉으로 드러난 빛과 기쁨만을 볼 뿐 그 뒤에 있는 어두움과 비탄을 알지 못한 채 '요행'이라고 말한다. 길고 험난한 여정을 생각하지 못하고 목적지에 도착한 후의 기쁨만을 보고 '행운'이라고 말한다. 과정을 무시하고 결과만을 보고 '우연'이라고 말한다.

모든 인간사에는 노력과 결과가 있게 마련이며 노력의 정도에 따라 결과가 결정된다. 우연이란 없다. 재능, 능력, 재산, 지성, 영적인 자산 같은 것은 모두 노력의 열매다. 그것들은 바로 완성된 생각이고 성취된 목적이고 실현된 비전이다.

마음속에 품은 비전을 소중히 키워 나가고 가슴속에 품은 이상을 소중히 받들어라. 비전과 이상은 그대의 삶을 만드는 동시에 미래의 그대 모습이 된다.

평온

마음의 고요함은 지혜가 낳은 아름다운 보석 중 하나다. 그것은 자기 절제의 경지에 이르기 위해 오랫동안 참고 노력한 결과다. 마음이 평온하다는 것은 무르익은 경험과 생각의 작용과 법칙에 대해 비범한 지식을 쌓았다는 의미다.

생각이 발전하여 자신이라는 존재를 이루었다는 사실을 이해한 만큼 그는 평온함을 얻는다. 이 같은 지식은 다른 사람 역시 생각의 결과라는 사실을 이해해야 얻을 수 있기 때문이다. 그리고 올바른 사고를 발전시키고 인과관계에 의해 사물의 내적인 관계를 더욱더 선명하게 보게 될 수록

화를 내거나 안달하거나 걱정하거나 슬퍼하는 일이 적어지고 차분하고 안정되고 평온한 마음을 유지한다.

자신을 다스리는 법을 터득한 온화한 사람은 다른 사람에게 자신을 맞추는 법을 알고 있다. 그렇게 되면 사람들은 그의 영적인 힘을 우러러보게 되고 그를 귀감으로 여기고 의지하게 된다. 마음이 고요해질수록 더욱 큰 성공을 거두고 다른 사람에게 더욱 큰 영향을 미칠 수 있고 더욱 큰 선을 행할 수 있게 된다. 평범한 사업가일지라도 자제력과 평정을 키워 나가면 사업은 더욱 번창할 것이다. 사람들은 언제나 안정된 사람과 거래하기를 원하기 때문이다.

강인하고 차분한 사람은 늘 사랑과 존경을 받

는다. 그는 메마른 대지에 서늘한 그늘을 드리워 주는 한 그루 나무와 같은 존재며 폭풍우 속에서 피난처가 되어주는 바위와 같은 존재이기 때문이다. 세상에 온화하고 상냥하고 균형 잡힌 사람을 싫어할 사람이 어디 있겠는가? 이러한 축복을 누리는 사람들은 언제나 상냥하고 평온하고 차분하기 때문에 궂은 일이나 즐거운 일이나 어떠한 변화가 찾아와도 개의치 않는다.

평온한 마음이라 일컫는 완벽하게 균형이 잡힌 인격은 자기 계발의 최종적인 단계다. 그것은 인생의 꽃이며 영혼의 결실이다. 지혜처럼 소중하고 황금보다 더욱 탐나는 것이다. 폭풍우가 닿지 않는 저 깊은 진리의 바다 속에서 영원한 평화로움을 누리는 삶과 비교하면 오로지 물질적인 부만 추구하는 삶은 그 얼마나 하찮은 것인가!

만족할 줄 아는 것도 능력이다

스스로 자신의 삶을 망치고 발끈하는 성질을 못 이겨 아름답고 사랑스러운 것들을 엉망으로 만들며 자신의 인격을 파괴하고 불화를 일으키는 사람이 주위에 얼마나 많은가! 대다수의 사람들이 자기를 절제하지 못해 자신의 행복을 부수고 인생을 망친다. 완성된 인격을 가진 사람들에게서 볼 수 있는 균형 잡힌 성격과 평온함을 지닌 이들을 만나기란 또 얼마나 어려운 일인가!

    그렇다. 사람의 마음은 통제되지 않은 열정으

로 출렁이고, 다스리지 못하는 비탄으로 혼란스럽고, 불안과 의심으로 이리저리 흔들린다. 생각을 다스리고 정화하는, 진정으로 현명한 사람만이 영혼에 불어닥친 폭풍우를 잠재울 수 있다.

어디에 있건 어떠한 환경 속에 살건, 세파에 시달리는 영혼들은 삶의 대양에 떠 있는 축복의 섬이 미소를 보내고 있으며 태양이 가득한 이상의 해변이 당신이 오기를 기다린다는 것을 기억해야 한다. 이제 생각이라는 인생의 키를 단단히 잡아라. 영혼이라는 배 안에 선장이 몸을 기대고 잠만 자고 있다. 이제 그를 깨울 때다. 자기 절제는 바로 힘이다. 올바른 생각은 숙련된 기술이다. 평온한 마음은 능력이다. 그대 가슴에 대고 말하라.

"평화여, 여기에 머물라."

2부

행복하게 사는 지혜

〈행복하게 사는 지혜〉에 대하여

당신은 지금 좌절을 맛보고 있는가? 갈 길을 찾지 못하고 헤매고 있는가? 해결할 수 없다고 생각되는 불안을 안고 있는 것은 아닌가? 견딜 수 없는 경제적 어려움 때문에 한탄하고 있는가? 타인과 사회에 대해 불만을 품고 있는가? 자신의, 나라의, 세계의 미래를 걱정하고 있는가?

〈행복하게 사는 지혜(The Path to Prosperity)〉는 〈위대한 생각의 힘(As a Man Thinketh)〉과 마찬가지로 당신을 위해 쓰여진 글이다.

제임스 앨런은 〈행복하게 사는 지혜〉를 〈위대한 생각의 힘〉을 쓰고 나서 5년 후인 1907년에 완성했다. 〈위대한 생각의 힘〉이 마음의 힘에 초점을 맞춘 '포괄적인' 인생 철학이라면, 〈행복하게 사는 지혜〉는 '구체적인' 사례를 들어 더욱 확고한 자신감을 가지고 설명한 것이라고 할 수 있다.

그러나 〈행복하게 사는 지혜〉가 단순히 〈위대한 생각의 힘〉의 해설서 역할을 하는 것은 아니다. 중심 철학은 같지만 독립된 텍스트로서 〈위대한 생각의 힘〉에 필적하는 가치를 가지고 있다.

앞에서도 말한 바 있지만 제임스 앨런 부인은 앨런은 "사람들에게 전할 어떤 메시지가 있을 때만 글을 썼다." 그리고 그것이 메시지가 되기 위해서는 "그가 자신의 인생에서 시험해보고 좋다고 확신한 것"이어야만 했다. 앨런 자신도 〈위대한 생각의 힘〉을 쓰면서'에서 "이 작은 책은 나의 오랜 사색과 체험의 결과다"라고 썼다. 즉 스스로의 경험과 오랜 사색 속에서 자연스럽게 흘러나온 것임을 밝히고 있다.

〈행복하게 사는 지혜〉는 〈위대한 생각의 힘〉이 세계적인 베스트셀러가 되었던 1907년에 쓰여졌다. 따라서 〈행복하게 사는 지혜〉는 그의 글을 읽고 더 나은 삶을 살게 된 많은 사람들의 체험까지 더해져 탄생했다고 볼 수 있다. 그러므로 〈행복하게 사는 지혜〉에는 〈위대한 생각의 힘〉보다 더 구체적인 사례가 추가되어 있으며 전작 이상으로 강한 자신감이 넘친다.

〈행복하게 사는 지혜〉 역시 〈위대한 생각의 힘〉

과 마찬가지로 출간 후 1세기가 지난 지금까지 전 세계적으로 꾸준히 읽히고 있다. 이토록 오랫동안 사랑받는 이유는 간단하다. 사실을 말하고 있기 때문이다.

수많은 자기 계발 분야의 뛰어난 인물들이 〈행복하게 사는 지혜〉를 인용하고 있는 것 또한 제임스 앨런의 철학이 어느 정도 진실성을 가지고 있는지 보여주는 증거가 되는 셈이다.

〈행복하게 사는 지혜〉 역시 분명히 〈위대한 생각의 힘〉과 더불어 사람들에게 삶의 용기와 희망을 주는 글이 될 것이다.

〈행복하게 사는 지혜〉를 쓰면서

나는 세상을 둘러본다. 내가 본 이 세상은 슬픔의 그림자로 덮여 있고 고통의 화염으로 검게 그을려 있다.

그 원인을 찾으려고 애쓴다. 그렇지만 아무리 둘러봐도 원인을 알 수 없다. 책을 들춰보지만 그래도 알 수 없다.

나 자신의 내면을 들여다보고야 세상 모든 어려움의 원인이 무엇인지 발견했으며 그 원인이 나에게서 나왔다는 사실을 깨달았다. 나는 내면으로 더 깊숙하게 들어가보았다. 그리고 치유할 수 있는 방법을 찾아냈다. 하나의 법칙을 찾아낸 것이다. 그것은 사랑의 법칙이다. 그리고 그 법칙에 순응하는 삶을 찾았다. 정복당한 마음의 법칙, 고요하고 유순한 마음의 법칙에 대한 진실을 알게 되었다.

그리고 사람들에게 도움을 줄 글을 쓰고 싶다는 꿈을 꾸게 되었다. 가난한 자나 부유한 자나, 교육을 받은 자나 교육을 받지 못한 자나 세파에 찌든 자나 때묻지 않은 자나 모두 자신 안에서 모든 성공과 행복과 성취와 진실의 원천을 발견할 수 있도록 도울 수 있는 글을 쓰고 싶었다. 그 꿈은 변하지 않았고 마침내 현실이 되었다.

이제 나는 치유와 축복의 임무를 띠고 세상에

〈행복하게 사는 지혜〉를 내놓는다. 이 글을 기다리고 받아들일 준비가 되어 있는 사람들의 마음에 반드시 희망을 던져주리라고 나는 믿는다.

제임스 앨런

악의 교훈

불안과 고통과 슬픔은 삶에 그림자를 드리운다. 세상에 고통을 느껴보지 못한 마음은 없고, 고뇌의 검은 바다 속에 빠진 적 없는 정신은 없으며, 말로 표현할 수 없는 괴로움에 뜨거운 눈물을 흘리지 않은 눈은 없다. 병마와 죽음이라는 거대한 파괴자가 침입해 마음과 마음을 갈라놓고 슬픔의 장막을 친 적이 없는 가정은 없다. 막강하고 도저히 파괴할 수 없을 것 같은 악의 그물은 모든 것을 가두고 고통과 불행과 불운을 인류에게 전한다.

이 암울한 그림자를 달래거나 거기에서 벗어나기 위해 사람들은 여러 방편에 맹목적으로 몸을 맡기고 지속되는 행복에 이르기를 바라며 발걸음을 옮긴다. 이들은 감각적인 흥분에 열중하는 주정뱅이들과 매춘부들이며 세상의 슬픔에서 자신을 고립시키고 무기력한 사치로 주위를 치장하는 배타적인 유미주의자들이다. 이들은 부와 명성에 목말라하며 목적을 달성하기 위해 모든 것을 종속시키는 사람들이며 종교적인 의식을 통해 위안을 구하는 사람들이다.

마침내 이들에게 행복이 찾아오고 영혼이 잠시 달콤한 안식을 얻는 동안 악의 존재는 매혹적인 망각의 저편으로 물러난 것처럼 보인다. 하지만 언젠가 찾아올 고통의 날이 닥치면 거대한 슬픔, 유혹 그리고 불행은 연약한 영혼과 거짓된 행복을 순식간에 갈기갈기 찢어놓을 것이다.

고통에서 벗어나자

그러므로 모든 개인적인 즐거움 위에는 다모클레스의 칼〔그리스 신화에서 디오니시오스 왕은 머리카락으로 머리 위에 칼을 매달아놓은 연회석에 신하인 다모클레스를 앉혀 왕위에 있는 자에게는 언제나 위험이 따른다는 것을 가르쳐주었다—옮긴이〕이 지식으로 무장되지 않은 영혼 위에 떨어져 박살을 내기 위해 매달려 있다.

어린아이는 빨리 어른이 되려고 안달한다. 어른은 잃어버린 어린 시절의 행복을 생각하며 한숨짓는다. 가난한 사람은 그들을 묶고 있는 가난이라는 사슬로 인해 괴로워한다. 부자는 재물을 잃을지도 모른다는 두려움 속에서 살거나 그들이 행복이라고 착각하는 막연한 그림자를 손에 넣기 위해 동분서주한다.

때때로 영혼은 종교에 귀의하거나 철학적인 사상을 받아들이거나 지적 또는 예술적인 이상을 구축하는 일을 통해 확실한 행복과 평화를 얻었다고 느끼기도 한다. 하지만 압도적인 유혹을 받으면, 종교라는 것이 얼마나 부적절하고 충분하지 못하며 철학 이론은 쓸모없는 무대 장치에 지나지 않는지, 몇 년 동안 헌신적으로 노력해서 세운 이상의 조각상이 산산조각 나는 것이 얼마나 순식간인지 알게 된다.

그렇다면 고통과 슬픔에서 벗어나기 위해 우리가 할 수 있는 일은 진정 존재하지 않는 것일까? 악의 사슬을 끊을 수 있는 수단은 없다는 것인가? 영원한 행복, 안정된 풍요로움, 그리고 변함없는 평화란 헛된 망상에 지나지 않는 것일까?

아니다, 길은 분명히 있다. 악을 영원히 물리칠 수 있는 길을 기쁜 마음으로 가르쳐주겠다. 병마, 빈곤, 또는 어떤 불행한 상황이라도 영원히 몰아낼 수 있는 길은 존재한다. 영원한 풍요로움을 지키고 불행이 다시 찾아올지 모른다는 두려움에서 해방될 수 있는 방법이 있다. 그리고 결코 멈추지 않는 영원한 행복과 축복을 실현시킬 수 있는 수양법도 있다. 이러한 영광의 실현으로 가려면 악의 본성에 대한 올바른 이해를 거쳐야만 한다.

악에 대해 바로 알자

악을 부정하거나 무시하는 것은 잘못된 일이다. 사람은 악에 대해서 알아야 한다. 신에게 악을 없애 달라고 기도하는 것으로는 충분하지 않다. 왜 악이 그곳에 존재하며 어떤 교훈을 가져다주는지 알아야 한다. 자신을 옭아맨 사슬 때문에 화를 내며 괴로워하고 애태우는 것은 아무 소용도 없다. 어떻게 해서 묶이게 됐는지 그 이유를 알아야만 한다.

그러므로 독자 여러분은 주관에서 벗어나 자신을 분석하고 이해해야만 한다. 경험이라는 학교에서 반항적인 학생 노릇을 멈추고 겸손하고 참을성 있게 자신의 향상과 궁극적인 완성을 위한 공부를 시작해야 한다. 악을 올바르게 이해할 수 있다면 악이 우주의 전능한 힘이나 원칙이 아니라 인간 경험의 일시적인 국면에 지나지 않기에 준비가 된 자에게 교훈을 주는 스승으로 삼을 수 있다는 사실을 깨닫게 된다.

악은 자신의 외부에 존재하는 어떤 추상적인 것이 아니다. 그것은 마음속에서 겪는 경험이며, 자신의 마음속을 인내심을 가지고 찬찬히 살펴 잘못을 바로잡으면 악의 근원과 본성에 대해 점차 알게 되어 악을 완전히 몰아낼 수 있을 것이다.

악은 무지에서 자라난다

모든 악은 바로잡을 수 있고 고칠 수 있기에 영원

하지 않다. 악은 무지에 뿌리를 두고 있다. 바로 사물의 참된 본성과 관계에 대한 무지에서 악이 생겨나기 때문에 무지한 채로 있는 한 우리는 악의 지배를 받을 수밖에 없다.

이 세상에 무지의 결과로 생겨나지 않은 악이란 존재하지 않는다. 그리고 우리가 악의 교훈을 기꺼이 배울 준비가 되어 있다면 악은 반드시 우리를 더 높은 경지의 깨달음으로 인도한 뒤 사라질 것이다. 하지만 악에서 벗어나지 못하는 사람들은 악으로부터 배울 의지도 없고 준비도 되어 있지 않다. 그래서 악은 사라지지 않는다.

내가 아는 한 아이는 밤마다 어머니가 재우려고 할 때 촛불을 갖고 놀게 해달라고 울며 보채곤 했다. 어느 날 밤 어머니가 잠시 눈을 뗀 사이에

아이는 초를 들었고, 피할 수 없는 결말이 뒤따랐다. 그 후 아이는 두 번 다시 촛불을 가지고 놀려 하지 않았다. 자신이 저지른 경솔한 행동을 통해 아이는 순종의 교훈을 몸에 새겼고 불은 물건을 태운다는 지식을 얻은 것이다.

이 사건은 모든 죄와 악의 본성, 의미 그리고 궁극적인 결과에 대한 완벽한 예를 제시해준다. 불의 참된 본성에 대한 무지로 인해 어린아이들이 고통을 당하듯이 좀 더 나이가 든 아이들은 그들이 울면서 조른 물건에 대한 무지로 인해 고통을 당한다. 손에 넣은 그 물건 때문에 해를 입은 뒤에야 자신의 잘못을 알게 되는 것이다. 유일한 차이가 있다면 후자의 경우 무지와 악이 더 뿌리를 깊이 내리고 있어 눈에 띄지 않는다는 것뿐이다.

어둠은 일시적이다

악을 상징해온 것은 항상 어둠이었고 선을 상징해온 것은 항상 빛이었다. 이러한 상징 뒤에 숨은 의미 속에는 이들에 대한 완벽한 설명이 담겨 있다. 세상에는 언제나 빛이 넘치며 어둠은 무한한 빛의 단 몇 줄기를 가로막는 작은 물체에 의해 생겨난 한낱 점이나 그림자에 지나지 않는다.

마찬가지로 선은 빛처럼 세상을 감싸면서 생명을 주는 긍정적인 힘이고 악은 내면에 들어오려는 깨달음의 빛을 방해하는 자기 자신에 의해 생긴 하찮은 그림자에 지나지 않는다.

밤이 오면 세상은 한 치 앞도 보이지 않는 어둠에 싸이게 되지만 그 어둠이 아무리 짙어도 이 작은 행성의 반이라는 좁은 공간을 뒤덮고 있을 뿐이다. 하지만 이 세상은 생명의 빛으로 타오르고 있으며 모든 생명은 아침 햇살을 받으며 잠에서 깨어나리라는 것을 알고 있다.

그러므로 슬픔과 고통과 불운이라는 어두운 밤이 영혼에 내려앉아 불안하고 확실하지 못한 걸음을 비틀거리며 옮길 때, 한없는 기쁨과 축복의 빛을 가로막는 것은 자신의 욕망이며, 자신 위에 드리운 어두운 그림자를 던진 것도 다름 아닌 자기 자신이라는 사실을 알아야 한다.

그리고 외부의 어둠이 무로부터 와서 무로 가는, 실체도 머물 장소도 없는 부정적인 그림자에 불과하듯이, 내면의 어둠 역시 빛에서 태어난 영혼이 성장하는 과정 속에서 잠시 스쳐 지나가는 부정적인 그림자에 지나지 않는다.

악이 주는 교훈

하지만 꼭 악의 어둠 속을 지나야 할 필요가 있는지 의문을 가지는 사람도 있을 것이다. 대답은 간단하다. 누구나 무지로 인해 그 길을 선택하게 되고, 이를 통해 선과 악 모두를 이해하는 계기를 얻을 수도 있으며 어둠을 지난 뒤 빛의 고마움을 더욱 절실하게 깨닫게 된다. 악이 무지의 직접적인 소산인 까닭에 악의 교훈을 완전히 깨달으면 무지는 사라지고 지혜가 그 자리를 차지한다.

하지만 학교에서 아무것도 배우려고 하지 않

는 반항적인 어린아이처럼, 경험이 주는 교훈을 거부하면 계속해서 어둠 속에 남아 질병, 낙담, 슬픔과 같은 형태로 나타나는 형벌에 끊임없이 고통을 받을 수도 있다. 그러므로 자신을 둘러싼 악을 떨쳐버리려면 기꺼이 배울 태세를 갖추고 깨달음이나 영속하는 행복과 평화를 확고히 붙잡아놓을 수 있는 훈련 과정을 거칠 준비가 되어 있어야 한다.

빛은 어디에나 있다

인간은 어두운 골방 안에 틀어박혀 빛이 존재한다는 사실을 부정할 수 있다. 하지만 실제로는 바깥세상 어디나 빛으로 충만하고 어두움은 자기 골방 안에만 존재하는 것이다. 그러므로 진리의 빛으로부터 자신을 격리하거나 자신을 둘러싼 편견과 이기심과 죄의 벽을 허물고 어디에서나 빛나고 있는 찬란한 빛을 들이거나, 전적으로 자신이 선택할 문제다.

이론만이 아니라 진지한 자기 성찰을 통해, 악은 일시적인 현상이며 자신이 만든 그림자라는 사실을 체득해야 한다. 자신이 겪는 모든 고통, 슬픔, 그리고 불운은 한 치의 오차도 없는, 엄정하고 절대적으로 완벽한 법칙에 의해 찾아온다. 자신이 이러한 고난을 마땅히 받아야 하며, 자신에게 필요하다는 사실을 받아들여야 한다. 이를 참고 견딘 뒤 그 의미를 이해할 수 있다면 당신은 보다 강하고 지혜롭고 고귀하게 될 것이다.

　이러한 깨달음을 완벽하게 자기 것으로 만들면 당신은 자신의 상황을 직접 만들 수 있으며 모든 악을 선으로 변화시키며 능란한 솜씨로 자기 운명을 엮어나갈 수 있을 것이다.

세상은 정신 상태를 비추는 거울

주위 환경은 자신의 사람됨에 따라 만들어진다. 우주 안의 삼라만상은 자신의 내적인 경험으로 녹아든다. 외부에 존재하는 것이 무엇인가는 그리 중요하지 않다. 모든 것은 자기 의식 상태의 반영에 지나지 않기 때문이다. 중요한 것은 자신 안에 있는 것이다. 외부에 존재하는 모든 것은 내부에 있는 것들에 의해 채색되고 그 모습이 반영된 것이기 때문이다.

자신이 진정으로 알고 있는 지식은 자신의 경험 속에 담겨 있다. 장차 알게 될 모든 지식은 경험이라는 문을 통해 들어오며, 그렇게 해야 자신의 일부가 된다.

   자신의 생각, 욕망, 포부가 자신의 세계를 이루는 것들이며, 우주 안에 있는 모든 아름다움, 기쁨 그리고 축복이나 추악함, 슬픔, 고통은 자신 안에 있다. 자신의 생각에 의해 성공적인 인생을 살 수도 있고 실패한 인생을 살 수도 있다. 자신의 세계나 우주를 만들거나 허물어뜨리는 것은 바로 자신의 생각이다.

자신의 시계를 만들어라

생각의 힘으로 만드는 내면의 세계에 맞춰 외적인 삶과 상황이 결정된다. 마음속의 가장 깊숙한 곳에 품고 있는 것이 무엇이든 간에 조만간 피할 수 없는 반응의 법칙에 의해 외적인 삶에서 형태를 갖추게 된다.

불순하고 불결하고 이기적인 영혼은 한 치의 오차도 없이 불운과 재난을 향해 기울어진다. 순수하고 이타적이고 고귀한 영혼 역시 한 치의 오차도 없이 행복과 풍요를 향해 기울어진다. 모든 영혼은 자신과 같은 속성을 끌어당기게 마련이며 자기 내면의 속성과 어긋나는 것을 받아들이는 법이 없다. 이 사실을 깨달으려면 신성한 법칙의 보편성을 인정해야 한다.

인간의 삶을 풍요롭게 하거나 손상시키는 모든 사건은 자기 내면에 있는 생각의 질과 힘에 의해서 찾아온다. 모든 영혼은 축적된 경험과 생각의 복잡한 조합이며 육체는 단지 그 실현을 위한 즉흥적인 도구에 지나지 않는다. 그러므로 자신의 생각이 곧 진정한 자기 자신이 된다. 생명이 있는 것이든 없는 것이든 자신을 둘러싼 세계는 생각이 부여한 관점을 외피로 두르게 된다.

자신이 생각하는 대로의 사람이 된다

"우리가 어떤 사람이 되는가는 우리가 어떤 생각을 하느냐에 달려 있다. 우리의 생각에 기초해서 우리가 어떤 사람이 될지 결정된다. 우리는 자신의 생각에 의해 이루어져 있다"고 석가모니는 말했다. 그러므로 사람이 행복한 것은 그가 행복한 생각 속에서 살고 있기 때문이다. 사람이 비참한 상황에 빠져 있다면 그가 절망적이고 해로운 생각 속에서 살고 있기 때문이다. 사람이 두려움에 떨거나 두려워하지 않거나 어리석거나 행복하거나 혼란에 빠져 있거나 평온하거나 간에 자신이 처한 상태의 원인은 영혼 속에 있으며 결코 외부에 존재하지 않는다.

외부적인 상황이 정신에 미치는 영향이 없다는 의미인가 하고 의문을 가질지도 모른다. 외부 상황의 영향을 아주 부정하지는 않는다. 그러나 우리가 허락할 때에만 상황이 우리에게 영향을 줄 수 있다는 사실이 절대적인 진리라는 것은 분명하다.

상황에 휘둘리는 것은 생각의 본성과 사용법,

그리고 힘에 대해 잘 알지 못하기 때문이다. 외부에 있는 것이 삶을 풍요롭게 하거나 해를 끼칠 수 있다고 믿는 한 당신은 외부의 지배를 받아 그 노예가 되고, 그들이 당신의 주인이 될 수밖에 없다. 믿음이라는 짧은 단어 위에 우리의 모든 슬픔과 기쁨이 걸려 있다. 외부 상황이 갖지 못한 힘을 지니고 있다는 잘못된 믿음을 통해 당신은 상황뿐만 아니라 실제로는 자신의 생각에서 시작된 기쁨과 슬픔, 두려움과 희망, 그리고 강함과 나약함에 굴복하게 되는 것이다.

같은 상황에서 재기하는가
그대로 머무르는가

젊은 나이에 몇 년 동안 힘들게 번 돈을 잃은 두 남자가 있다. 한 사람은 매우 상심한 나머지 불안과 낙담에 빠져 원망만 해댔다.

다른 한 사람은 신문에서 은행이 파산해 그동안 저축해둔 돈을 모두 잃었다는 사실을 알게 되자 이렇게 말했다.

"없어진 돈에 대해 마음 아파하고 걱정해봤자 그 돈이 돌아올 리 없지만 열심히 일하다보면 다시 돈을 모을 수 있겠지."

이후 그는 새로운 활력을 가지고 일에 몰두했고 금방 다시 돈을 모았다.

그러나 첫 번째 남자는 계속해서 돈을 잃은 일을 애통해하면서 자신의 '불운'에 대해 불평을 늘어놓았고, 실제로는 자신의 나약하고 비굴한 생각의 결과인 적대적인 상황의 희생자로 남게 되었다. 돈을 잃은 사건은 그의 어둡고 우울한 생각으로 인해 그에게 저주가 되어버렸다.

기운을 내서 희망을 갖고 새로운 노력을 기울여야 한다고 생각한 두 번째 남자에게는 같은 사건이 축복으로 변했다.

상황 자체에 축복을 내리거나 해를 입힐 수 있는 능력이 있다면 모든 사람에게 같은 축복을 내리거나 해를 입힐 것이다. 하지만 같은 상황이 다른 영혼에 전혀 다르게 작용한 사실은 상황 자체에 선악이 존재하는 것이 아니라 그 상황에 부덮친 인간의 마음 안에 존재한다는 사실을 증명한다.

이 사실을 깨닫게 되면 자신의 생각을 통제하고 정신을 갈고 닦기 시작할 것이다. 영혼 안에 신전을 다시 짓기 위해서는 모든 쓸모없는 생각을 몰아내고 기쁨과 평온함, 힘과 생명력에 가득 찬 생각, 자비와 사랑, 아름다움과 영원한 것에 관한 생각만을 존재 안에 받아들여야 한다. 그렇게 하면 기쁨과 평온함을 얻게 되고 강하고 활기차며 사랑과 애정이 넘치는, 영원의 미(美)에 의해 아름다워진 사람이 될 수 있을 것이다.

나에게는 보물, 다른 이에게는 쓰레기

우리에게 일어난 사건을 생각으로 감싸는 것과 마찬가지로 우리는 주위에 있는 가시적인 세계의 사물에 생각의 옷을 입힌다. 그러므로 한 사람에게 조화롭고 아름답게 보이는 것이 다른 사람에게는 역겹고 추악한 것이 될 수 있다.

한 열정적인 과학자가 어느 날 시골길을 걷다가 더러운 웅덩이를 발견했다. 현미경으로 살펴보기 위해 작은 병에 웅덩이의 물을 담으며 그는 흥분해서 옆에 서 있던 촌스러운 시골 소년에게 웅덩이에 담긴 보이지 않는 수많은 신비에 대해 열정적으로 설명을 늘어놓은 뒤 이렇게 말을 맺었다.

"이 웅덩이에는 몇백 개, 아니 몇백만 개의 우주가 담겨 있단다. 우리에게 그것을 볼 수 있는 눈이나 도구가 있다면 얼마나 좋겠니."

그러자 시골 소년은 지루하다는 듯이 말했다.

"이 웅덩이에 올챙이가 잔뜩 있다는 것은 알아요. 그리고 잡기도 쉽던데요."

과학자가 그의 머리 속에 쌓아둔 과학적인 지식을 통해 본 아름다움, 조화 그리고 숨겨진 영광이 무지한 자에게는 더러운 진흙 웅덩이에 불과했다.

무심한 행인이 생각 없이 밟고 지나가는 들꽃이 시인의 눈에는 피안의 세계에서 온 성스러운 전령으로 보일 수 있다. 대다수의 사람에게 바다는 배가 지나가거나 침몰하기도 하는 망망대해에 불과하지만 음악가의 영혼에는 살아 있는 생물일 수도 있다. 그의 귀에는 바다의 변화무쌍하고 성스러운 화음이 실제로 들린다. 평범한 정신의 소유자가 재난과 혼란만을 볼 때에도 철학자의 정신은 완벽한 인과관계를 보며, 유물론자들이 끝없는 죽음만을 볼 때에도 신비주의자들은 생생하게 고동치는 영원한 삶을 본다.

내 모습대로 남을 본다

우리가 사건과 사물에 자신의 생각대로 옷을 입히는 것처럼 우리는 다른 사람의 영혼에 우리 생각의 옷을 입힌다.

의심이 많은 사람은 모든 사람을 의심한다. 거짓말쟁이는 이 세상에 정직한 사람이 존재한다는 사실을 믿을 정도로 자신이 바보가 아닌 것에 안도한다. 질투심이 많은 사람은 모든 영혼에서 질투심을 본다. 인색한 사람은 모든 사람이 자기 돈을 빼앗으려 한다고 생각한다. 돈을 벌기 위해 양심을 희생한 사람은 이 세상은 양심 없는 사람들뿐이라서 모두 자기 돈을 훔쳐가려 한다는 망상에 빠져 베개 밑에 권총을 놓고 잔다. 관능적인 쾌락에 빠진 사람은 성인(聖人)을 위선자라고 생각한다.

한편 애정이 가득한 생각을 하는 사람들은 모든 사람에게서 사랑과 연민을 끌어낸다. 남을 믿는 정직한 사람은 의심에 시달리지 않는다. 심성이 선하고 자비로운 사람은 다른 사람의 행운을 함께 기뻐하며 질투가 무엇인지도 모른다. 그리고 자신 안에 있는 신성함을 깨달은 사람은 야수를 비롯한 모든 존재에게서 신성함을 발견한다.

사람이 가진 정신적 관점이 더욱 확고해지는 것은 인과법칙에 의해 자신이 원하는 것을 끌어당기고 자신과 비슷한 사람과 어울리게 되기 때문이다. "새는 같은 종류끼리 무리를 짓는다"라는 속담은 흔히 통용되는 의미보다 더욱 깊은 중요성을 지닌다. 물질의 세계와 마찬가지로 생각의 세계에서도 동류는 동류를 부르기 때문이다.

친절을 원한다면 친절을 베풀어라
진실을 원한다면 진실한 사람이 되어라

남에게 베푼 것은 자신에게 돌아온다
그대의 세계는 그대를 비추는 거울이다.

신의 왕국은 마음속에 있다

죽음 뒤에 오는 행복의 세계를 갈구하고 기대하는 사람에게 전해줄 반가운 소식이 있다. 당신은 지금 당장 그 행복의 세계에 들어갈 수 있다. 우주 전체를 가득 채우는 그 세계는 바로 당신 안에서 당신의 발견을 통해 인정받고 소유되기를 기다리고 있다.

존재의 내적인 법칙을 아는 사람이 이렇게 말했다.

"사람들이 여기를 봐라 저기를 봐라 한다고 줏대 없이 따르지 마라. 신의 왕국은 바로 그대 마음속에 있다."

당신이 해야 할 일은 이 말을 믿는 것이다. 의심이 걷힌 마음으로 믿고 이해가 될 때까지 사색하라. 그렇게 하면 자기 안에 있는 세계를 정화하고 바르게 건설할 수 있을 것이다. 그리고 하나의 깨달음에서 다른 깨달음으로 옮아가는 과정에서 자신이 다스리는 영혼의 경이적인 능력뿐만 아니라 외부의 사물이 얼마나 무력한지 깨닫게 될 것이다.

세상을 바르게 만들고
세상의 모든 악과 재난을 몰아내어

황야를 풍요롭게 하고

메마른 사막이 장미 봉오리처럼 피어나게 하고 싶다면

자신부터 바르게 세워라.

세상을 바꾸어

오랫동안 가두어온

죄악에서 해방시키고

모든 상처 입은 마음을 달래고

슬픔을 몰아내고 달콤한 위로를 불러들이고 싶다면

자신부터 바꿔라.

세상을 치유해

오랜 병마와 슬픔과 고통을 끝내고

모든 것을 치유하는 기쁨을 불러들이고
병든 자에게 휴식을 주고 싶다면
자신부터 치유하라.

세상을 깨워
죽음과 우울한 분쟁의 꿈에서 벗어나게 해
사랑과 평화를 불러들이고
영원한 생명의 밝은 빛을 퍼지게 하고 싶다면
자신부터 깨워라.

바람직하지 못한 상황에서
빠져나오는 법

악이 영원한 선의 초월적인 형태 위에 가로놓인, 자신의 일시적인 그림자에 불과하다는 사실과 세상이 자신을 비추는 거울이라는 사실을 깨달았다면 이제 우리는 법칙의 비전을 깨닫는 더 높은 단계에 오를 수 있다.

이 깨달음과 함께 모든 것이 원인과 결과의 끊임없는 상호 작용 속에 포함되어 있으며 그 어떤 것도 법칙을 벗어나 존재할 수 없다는 지식을 얻게 된다. 인간의 가장 하찮은 생각, 말, 그리고 행동으로부터 천체를 분류하는 일까지 법칙은 모든 것 위에 군림한다.

인위적인 상황은 잠깐이라도 존재할 수 없다. 그러한 상황은 법칙을 부정하고 소멸시킬 것이기 때문이다. 그러므로 삶의 모든 조건은 조화롭고 질서정연하게 엮여 있으며 모든 조건의 비밀과 원인은 자신 안에 있다.

인과법칙은 누구도 부정할 수 없다

"뿌린 대로 거둔다"는 법칙은 영원의 문 위에 불꽃 문자로 새겨져 있는, 아무도 부정할 수 없는 진리다. 이 법칙을 속이거나 거기에서 벗어날 수 있는 사람은 아무도 없다. 타오르는 불 속에 손을 집어넣은 사람은 시간이 흘러 치유될 때까지 화상으로 고통을 받게 되며 어떠한 저주나 기도도 이 사실을 바꿀 수 없다. 그리고 이와 똑같은 법칙이 정신의 영역에도 적용된다.

증오, 노여움, 질투, 선망, 욕정, 부러움은 모두 화상을 입히는 불과 같아서 만지기만 해도 고통을 당하게 된다. 이러한 마음의 조건은 당연히 '악'이라 불리는데, 이들은 법칙을 전복시키려고 영혼이 노력한 결과로, 내면의 혼란과 혼돈으로 이어지고 조만간 비탄, 고통, 절망과 짝을 이룬 질병, 실패, 불운과 같은 형태로 외부 세계에 모습을 드러내기 때문이다.

사랑, 다정함, 선의, 순결함은 영혼에 평화를 주는 서늘한 바람과 같아서 영원의 법칙과 조화를 이루며 건강, 평화로운 주변 환경, 확실한 성공과 행운이라는 형태로 나타난다.

법칙에 순종하라

온 우주에 충만한 이 위대한 법칙을 철저히 이해하는 일은 순종이라고 불리는 정신 상태를 얻는 것으로 귀결된다. 정의, 조화, 그리고 사랑이 우주 안에서 궁극적인 위치를 차지하고 있음을 깨달으면 모든 적대적이고 고통스러운 조건이 법칙에 순종하지 않은 자신이 초래한 결과라는 사실을 알게 된다.

이러한 지식은 강인함과 힘으로 이어지며 그것 하나만으로도 참된 삶과 지속적인 성공과 행복을 이룰 수 있다.

어떠한 상황에서도 인내하며 모든 조건을 수양에 필요한 요소로 받아들이면 고통스러운 조건들을 확실히 극복할 수 있으며, 이렇게 극복한 상황은 다시 돌아오지 않는다. 법칙에 순종하는 힘에 의해 완벽하게 제거되었기 때문이다. 법칙을 따르는 사람은 법칙과 조화를 이루며 법칙에 따라 움직이며 법칙에 의해 자기 자신을 규정한다. 그러므로 그가 정복하는 것은 영원히 정복당한 채로 남아 있고 그가 쌓은 것은 무너뜨릴 수 없다.

인생은 스스로 만드는 것

모든 힘의 원인은 모든 나약함과 마찬가지로 자기 안에 있다. 모든 행복의 비밀과 모든 불행의 비밀과 마찬가지로 자기 안에 있다. 자신의 내부를 벗어난 발전은 있을 수 없으며 지식의 조화로운 향상 외에 풍요와 평화에 이르는 확실한 길은 없다.

흔히 상황에 얽매여 있다는 말들을 한다. 더 나은 기회, 보다 넓은 활동 무대, 그리고 물질적인 개선을 부르짖는다. 그러면서 속으로는 자신의 손발을 묶는 운명을 저주할지도 모른다.

내가 〈행복하게 사는 지혜〉를 쓰는 것은 모두 당신을 위한 것이다. 나의 말은 당신을 향한 것이다. 귀 기울여 들으면 나의 말이 당신의 마음에 타들어갈 것이다. 왜냐하면 내가 말하는 것은 진실이기 때문이다. 자신의 내면 생활을 개선하려고 부단하게 노력한다면 외부 생활도 개선될 것이다.

이 길이 처음에는 황량해 보일 수도 있다. 진리로 통하는 길은 언제나 그렇다. 실패와 망상에 이르는 길은 처음에는 매혹적이고 황홀해 보인다. 하지만 진리의 길을 걷겠다고 마음먹고 꾸준히 정신을 수양하고 나약함을 몰아내고 영혼의 힘을 발휘한다면 외적인 삶에 찾아오는 마술 같은 변화에 놀라게 될 것이다.

앞으로 나아감에 따라 금싸라기 같은 기회가 가는 길에 깔릴 것이고, 자신 안에서 그 기회를

적절하게 활용할 수 있는 능력과 판단력이 솟아날 것이다. 친절한 친구들이 앞다투어 당신을 도울 것이고, 자석에 바늘이 달라붙듯이 자애로운 영혼의 소유자들이 당신에게 이끌릴 것이다. 그리고 책을 비롯해서 당신에게 필요한 모든 외부적인 도움이 눈앞에 나타날 것이다.

불평을 멈춰라

빈곤의 사슬이 당신을 옭아매고 있다고 가정해보자. 당신은 친구 하나 없이 고독하기 짝이 없다. 그리고 당신이 짊어진 무거운 짐이 가벼워지기를 간절히 소망하고 있다.

그러나 무거운 짐은 계속해서 당신의 어깨를 짓누르고 점점 깊어가는 어둠 속에 파묻힌 듯 느껴진다. 당신은 태어난 것을 저주하고 부모나 고용주, 또는 풍요롭고 안락한 생활 대신 온당치 못한 가난과 고통을 안겨준 부당한 힘을 탓할 것이다.

더 이상 불평과 고민을 늘어놓지 마라. 당신이 탓하는 어떤 것도 당신에게 가난을 가져오지 않았다. 원인은 바로 당신 자신 안에 있으며 원인이 있는 한 처방도 있게 마련이다. 당신이 불평을 일삼는다는 바로 그 사실이 당신이 고통받아 마땅하다는 증거다. 그리고 당신에게 모든 노력과 발전의 토대가 되는 신념이 부족하다는 것을 알려준다. 우주의 법칙에 불평을 일삼는 자가 설 땅은 없다. 걱정은 영혼의 자살 행위다. 자신의 정신 태도가 바로 자신을 옭아맨 사슬을 더욱 단단히 조여 매고 자신을 둘러싼 어둠을 부른다.

인생에 대한 관점을 바꾸면 외부의 삶도 바뀔 것이다. 신념과 지혜 속에서 자신을 단련시키고 자신을 더 나은 환경과 더 넓은 기회에 어울리는 사람으로 만들어라. 무엇보다도 자신이 가진 것에서 최선의 것을 이끌어내야 한다는 사실을 명심해라. 작은 것을 소홀히 하면서 커다란 이익을 볼 수 있다고 자신을 속이지 마라. 설사 그렇게 된다 하더라도 그 이익은 영원하지 못하고 당신은 도로 원래의 자리로 돌아가 당신이 간과했던 교훈을 배워야 할 것이다.

학생이 다음 단계로 넘어가기 전에 기초 과목

을 끝내야 하듯이 당신이 그토록 원하는 더 큰 행복을 갖기 전에 이미 갖고 있는 것을 충실히 활용해야 한다.

성경에 나오는 '달란트'에 대한 비유는 이 진리를 생생하게 보여주는 아름다운 이야기다. 우리가 가진 것을 남용하거나 간과하거나 그 가치를 떨어뜨린다면 그것이 아무리 사소하고 작더라도 박탈당한다. 왜냐하면 우리가 그것을 소유할 자격이 없음을 행동으로 보여줬기 때문이다.

자신의 환경을 품위 있게 가꿔라

당신이 작은 오두막에 살면서 불건전하고 사악한

영향에 둘러싸여 있다고 가정하자. 당신은 좀 더 넓고 위생적인 집을 원할 것이다. 자신이 그런 집에 어울리는 사람이 되고 싶다면 우선 당신의 오두막을 가능한 한 아름답고 쾌적한 곳으로 만들어라.

한 점의 먼지도 남아 있지 않도록 깨끗이 청소해라. 얼마 안 되는 돈이 허락하는 대로 예쁘게 장식해라. 보잘것없는 음식이라도 정성을 다해 만들고 초라한 식탁을 할 수 있는 데까지 품위 있게 꾸며라. 카펫을 살 돈이 없다면 미소와 환대라는 카펫을 바닥에 깔고 인내의 망치로 친절한 말이라는 못을 구석구석 박아라. 이러한 카펫은 햇빛에 바래지 않고 아무리 써도 낡지 않는다.

자신이 현재 처한 환경을 품위 있게 가꿈으로

써 당신은 상황을 뛰어넘을 수 있으며, 적당한 시기가 되면 그동안 당신이 오기를 기다리던 더 좋은 집과 환경 속으로 들어가게 된다.

생각하고 노력하기에는 시간이 너무 부족하다고 가정해보자. 당신은 노동을 하는 시간이 힘겹고 길다고 느끼고 있다. 그렇다면 얼마 안 되는 여가 시간을 최대한 활용하도록 노력해보라. 시간이 더 생기기를 원하는 것은 부질없는 일이다. 자신에게 주어진 얼마 안 되는 시간을 낭비하고 있다면 시간이 많아져봤자 게으름만 늘 뿐이다.

악은 축복의 또 다른 얼굴이다

가난과 부족한 시간이나 여가마저도 당신이 상상하는 악은 아니다. 그것들이 당신의 발전을 가로막는다면 그것은 당신의 나약함 때문이며 그것들 속에서 당신이 보는 악은 실제로는 자신 안에 있다.

정신을 갈고 닦는 데 노력을 아끼지 않는다면 당신은 자기 자신의 운명을 만드는 사람이다. 자기 수양으로 얻은 힘을 변화시킴으로써 당신은 점점 더 큰일을 해낼 수 있고, 그러다 보면 악이라고 불리는 것들이 축복으로 바뀔 수도 있다는 사실을 깨닫게 된다.

그렇게 되면 당신은 가난을 인내와 희망과 용

기를 기르는 수단으로 활용하고 부족한 시간을 주어진 한도에서 최대한 충실히 활용함으로써 절도 있는 행동과 결단력을 얻는 기회로 전환시킬 것이다.

악취가 코를 찌르는 흙에서 가장 아름다운 꽃이 자라듯 가난이라는 검은 흙에서 인간의 가장 아름다운 꽃이 피어왔다. 시련이 있고 극복해야 할 만족스럽지 못한 환경이 있는 곳에 미덕은 가장 찬란하게 그 영광을 드러냈다.

당신이 가혹한 고용주 밑에서 일하며 지독한 대우를 받고 있다고 가정해보자. 이것 역시 당신의 수양에 필요하다고 생각하라. 고용주의 퉁명스러움을 다정함과 용서로 돌려주자. 평소에 끊임없이 인내와 자기 절제의 훈련을 쌓도록 하자.

이 불리한 상황을 정신과 영혼의 힘을 고양시킬 기회로 돌려라. 그러다 보면 당신이 묵묵히 보여준 귀감과 영향력이 당신의 고용주에게 교훈을 주어 자신의 행동을 점점 부끄럽게 여기게 될 것이다. 동시에 당신은 영적인 성취를 달성해 새롭고 친절한 환경으로 들어가게 될 것이다.

자기 자신의 노예가 되지 마라

자신이 노예라고 해서 불평을 늘어놓지 말고 품위 있는 품행으로 자신을 바로 세워 노예의 수준에서 벗어나라. 다른 사람의 노예라는 것을 불평하기 전에 자기 자신의 노예가 되지 않도록 노력하자.

　엄중한 시선으로 자신의 내부를 찬찬히 살펴보자. 아마 그 안에서 비굴한 생각과 비굴한 욕망을 발견할 수 있을 것이다. 그리고 당신의 행동 속에는 비굴한 습관이 자리잡고 있을 것이다. 이것들을 극복하여 자기 자신의 노예가 되지 않는다면 그 누구도 당신을 노예로 부릴 수 없다. 자기 자신을 극복하고 모든 적대적인 상황을 초월하면 모든 어려움은 당신 앞에 무릎을 꿇는다.

　부자들에게 억압당하고 있다고 불평하지 마라. 당신이 부자가 된다면 남을 억압하지 않을 것이라고 확신하는가? 완벽하게 정의로운 영원한 법칙이 있음을 기억하라. 오늘 남을 억압하는 사람은 내일 다른 이에게 억압당할 것이다. 그는 이러한 법칙에서 벗어날 수 없다. 그리고 어제는 당신이 부유했고 남을 억압했지만 오늘은 위대한 법칙에 진 빚을 갚고 있을 수도 있다. 그러므로 신념과 불굴의 정신을 길러야 한다. 영원한 정의와 선의에 대해 끊임없이 생각해야 한다.

가변적이고 개인적인 영역에서 벗어나 영원하고 개인을 초월한 경지로 들어서라. 남에게 억압당하고 상처입고 있다는 망상을 떨쳐버리고 내면적인 삶을 보다 근본적으로 이해함으로써 자신 안에 있는 것에 의해서만 상처받을 수 있음을 깨닫도록 노력하라.

내면의 부정적 요소를 몰아내라

자기 연민보다 더 비열하고 천하고 영혼을 파괴하는 습성은 없다. 지금 이 자리에서 자기 밖으로 몰아내라. 그런 종양이 당신의 마음을 좀먹고 있는 동안에는 절대로 충만한 생활을 영위할 수 없다. 남을 비난하지 말고 자신을 비난해라. 순결하지 못한 자기의 행동, 욕망, 생각을 너그럽게 봐주지 마라. 그렇게 함으로써 당신은 영원이라는 반석 위에 집을 짓게 될 것이며, 때가 되면 당신의 행복과 평안함에 필요한 모든 것이 당신에게 찾아올 것이다.

내면의 이기적이고 부정적인 요소를 완전히 몰아내지 않고서는 그에 대한 반영인 가난이나 부적절한 환경에서 영원히 벗어날 수 없다. 진정한 부에 이르려면 덕을 쌓아 영혼을 풍요롭게 해야 한다. 마음속의 진정한 덕 외에 풍요와 힘은 존재하지 않는다. 다만 풍요와 힘으로 보이는 것들이 있을 뿐이다.

부유한 사람 중에 아무런 덕도 간직하지 못하고 그럴 생각도 없는 사람들이 있다. 하지만 그렇게 모은 재산은 진정한 부를 이루지 못하고 일시적이고 불안정하다.

여기에 다윗의 증언을 소개해본다.

나는 사악한 자들의 부유함을 볼 때마다 그 어리석은 자들을 부러워했다…… 그러나 그들의 눈동자는 기름기로 번들거리고 원하는 것보다 더 많은 것을 가졌다…… 난 진실로 내 마음을 허영 속에 씻었고 내 손을 무지 속에 씻었다…… 하느님 안에 안식처를 구하기 전까지는 이 사실을 안다는 것이 너무나 괴로웠다. 그러나 그 후 나는 그들의 결말을 이해했다.

먼저 덕을 쌓아라

사악한 자들의 부는 다윗이 신에게서 안식처를 구하기 전에는 커다란 시련으로 다가왔다. 나중에야 그는 그들의 결말을 이해했다. 당신도 그 안식처로 갈 수 있다. 안식처는 바로 당신 안에 있다. 더럽혀지고, 사사롭고, 덧없는 모든 것을 초월하고 우주의 영원한 법칙이 실현된 의식 상태다. 의식의 신성한 상태이며 가장 지고한 형태의 안식처다.

긴 투쟁과 자기 훈련을 거쳐 신성한 사원으로 들어가게 되었을 때 막힘 없는 시야를 통해 모든 인간의 생각과 노력의 결실과 결말을 선악에 관계없이 보게 될 것이다. 그 후 당신은 부도덕한 사람이 바깥세상에서 부를 쌓는 것을 보고도 신념을 잃지 않을 것이다. 그가 다시 가난과 몰락을 맞게 될 것을 알기 때문이다.

덕이 없는 부자는 실제로는 가난한 사람이다. 강물이 바다로 흐르듯 그는 아무리 부유하더라도 결국에는 가난과 불행으로 흘러가게 되어 있다.

비록 그가 부자로 죽게 되더라도 그는 자신의 악함으로 열린 쓰디쓴 과일을 따야만 한다. 그리고 오랜 경험과 고통을 통해 자신 속에 있는 가난을 정복하기 전에는 부유하게 된 횟수만큼 다시 빈곤의 수렁으로 떨어질 것이다.

그러나 겉으로는 가난해 보여도 덕을 많이 쌓은 사람은 진정으로 부유한 사람이다. 그는 가난 속에서도 확실하게 풍요를 향해 나아간다. 그리고 끝없는 기쁨과 축복이 그가 오기를 기다리고 있다.

진정하고 영원한 번영을 원한다면 먼저 덕을 쌓아야 한다. 그러므로 부 자체를 우선적이고 유일한 목표로 삼고 이를 달성하기 위해 탐욕스럽게 손을 뻗치는 것은 현명하지 못하다. 이렇게 하면 궁극적으로 자기 자신에게 패배가 다가온다.

그것보다는 자기완성을 위해 다른 사람에게 유용하고 희생적인 봉사를 하는 것을 인생의 목표로 삼고, 위대하고 변하지 않는 선을 향해 신념이라는 손을 뻗는 쪽이 바람직하다.

왜 부를 원하는지 되돌아보라

당신은 자신을 위해서가 아니라 남을 돕고 좋은 일을 하기 위해 부를 원한다고 말한다. 이것이 부를 원하게 된 진정한 동기라면 부는 저절로 굴러 들어올 것이다. 진정으로 강하고 이기심이 없다면 아무리 부유해도 자신을 부의 주인이 아니라 단지 관리인으로 생각하기 때문이다.

하지만 자신의 동기를 면밀하게 살펴보기 바란다. 대개 남을 돕기 위해 부를 원하는 경우 진정한 동기는 인기를 얻고 박애주의자나 개혁가 행세를 하고 싶은 마음에 있기 때문이다.

당신이 현재 가진 약간의 재산을 남을 위해 쓰고 있지 않다면, 그 사실로 미루어볼 때 돈을 더 많이 가져봤자 더 이기적인 인간이 될 뿐이다. 그리고 설사 당신이 좋은 일을 하기 위해 돈을 쓴 것처럼 보여도 자기를 찬양하기 위한 것에 불과하다.

당신이 진정으로 선을 행하겠다고 열망한다면 선을 행하기 전에 돈이 모이기를 기다릴 필요가 전혀 없다. 당신이 스스로 믿듯이 진정으로 이타적인 인간이라면 벌써 남을 위해 자신을 희생해 그것을 증명해 보였을 것이다.

아무리 가난해도 자기가 희생할 공간은 언제나 넉넉한 법이다. 성경에서 모든 재산을 헌금으로 내놓은 사람은 다름 아닌 가난한 과부가 아니었던가?

진정으로 선을 행하고 싶어하는 마음을 가지고 있다면 선을 행하기 전에 돈이 모이기를 기다리지 않는다. 곧장 희생의 제단에 와서 자신의 하찮은 육신을 바친 뒤 이웃과 타인, 친구와 적을 구별하지 않고 은총의 숨결을 내뿜는다.

결과가 원인과 연결되어 있듯이 풍요와 힘은 내면의 선함과 연결되어 있으며 가난과 나약함은 내면의 악함과 연결되어 있다.

진정한 부란 무엇인가

물질적인 부는 진정한 의미의 부나 지위, 권력을 이루지 못한다. 돈에만 의지하는 것은 미끄러운 길에 서 있는 것과 같다.

진정한 부는 자신이 쌓아올린 덕이며, 진정한 힘은 그 덕을 올바르게 사용하는 데에서 나온다. 마음을 바로잡으면 인생을 바로잡을 수 있다. 욕망, 증오, 분노, 자만심, 허영, 탐욕, 게으름, 이기심, 완고함과 같은 것들은 가난함과 나약함을 부른다. 사랑, 순결함, 다정함, 온순함, 인내심, 상냥함, 너그러움, 욕심 없고 자기를 희생하는 마음은 부와 힘을 부른다.

권력과 나약함의 요소가 극복되면 아무도 저

항할 수 없는 막강한 힘이 내면에서 생겨난다. 지고한 덕으로 이름을 떨친 사람은 온 세계를 그의 발밑에 둔다.

그러나 가난한 자와 마찬가지로 부자 또한 나름대로 불쾌한 상황에 둘러싸일 수 있고 종종 가난한 자보다 더욱 행복에서 멀리 떨어져 나갈 수 있다. 여기에서 우리는 행복이 외부의 도움이나 재산이 아니라 내면의 삶에 달렸음을 알 수 있다.

당신이 고용주라고 가정해보자. 당신은 고용인으로 인해 끊이지 않는 말썽에 시달리며, 선하고 충실한 고용인은 왔다가 금방 떠나버린다. 그 결과 당신은 인간에 대한 신뢰를 상실해가고 있거나 완전히 상실해버린 상태다. 당신은 더 많은 임금과 약간의 자유를 허용해줌으로써 문제를 해결하려 한다. 하지만 문제는 여전히 남아 있을 것이다. 당신에게 충고를 한마디 해주겠다.

당신의 모든 불행의 비밀은 고용인에게 있는 것이 아니라 당신 속에 있다. 당신이 당신의 잘못을 발견하고 뿌리 뽑으려는 겸손하고 진지한 열망으로 자신의 내면을 들여다본다면 곧 불행의 원천을 발견할 수 있을 것이다.

그것은 이기적인 욕망일 수도 있고 의심이나 친절하지 못한 태도일 수도 있다. 어쨌든 그것들은 주위에 있는 사람들에게 독기를 내뿜고, 비록 태도나 말로 드러나지 않을지라도 당신 자신을 통해 드러나게 된다. 고용인을 생각할 때 친절한 마음을 갖도록 노력하며 그들의 행복과 안위를 생각하고 당신이 그들 처지였다면 하지 않을 과

도한 봉사를 요구하지 말아야 한다.

자신을 잊고 주인을 위해 봉사하는 하인의 겸손한 영혼처럼 아름다운 것은 드물다. 하지만 그보다 더 드물고 성스러운 아름다움을 지닌 것은 자신의 행복을 잊고 생계를 위해 자기 밑에 있는 사람들의 행복을 추구하는 고귀한 영혼이다. 그러한 사람들의 행복은 몇 갑절 커지게 되며 자기 밑에 있는 사람들에 대해 불평할 필요성도 사라진다.

잘 알려진 한 사업가는 단 한 명의 종업원도 해고할 필요를 느끼지 못했다.

"난 언제나 종업원들과 아주 친밀한 관계를 갖고 있어요. 이유를 물어도 내가 종업원들에게 원하는 것을 그들에게 먼저 해주는 것이 언제나 나의 목표였다는 말밖에 할 수 없군요."

이 말 안에 모든 바람직한 조건을 확고히 하고 모든 바람직하지 못한 조건을 극복하는 비밀이 담겨 있다.

자기 자신에게서 벗어나라

당신은 외로운가? 아무에게도 사랑받지 못하고 친구도 한 명 없는가? 그렇다면 부탁하는데, 자신의 행복을 위해서라도 남이 아닌 자신을 탓하라. 다른 사람에게 친절하게 대하면 친구들은 자연히 당신에게 올 것이다. 자신을 순수하고 사랑스럽게 가꾼다면 모든 이에게 사랑받을 것이다.

당신의 삶을 힘겹게 하는 것이 무엇이 되었든 자기 정화와 자기 정복이 가진 변화의 힘을 발전시키고 활용해 당신은 그것에서 벗어날 수 있다. 그것이 고통스러운 가난이든지(여기서 말하는 가난이란 불행의 원천으로서의 가난을 말하는 것이지 해방된 영혼의 자랑스럽고 자발적인 가난을 말하는 게 아니다), 부담스러운 부 또는 삶의 어두운 배경을 형성하는 불운, 비탄, 불쾌함이든지 간에 그들을 세상에 나오게 한 마음속의 이기적인 부분을 극복함으로써 벗어날 수 있다.

확고한 법칙에 의해 해결하고 용서를 받아야 할 과거의 생각이나 행동이 있는 것은 그리 문제가 되지 않는다. 마찬가지로 같은 법칙에 의해 살아가는 매순간 새로운 생각과 행동을 한다. 우리는 그것을 선으로도 악으로도 만들 수 있다. 우리가 뿌린 대로 거두듯이 돈이나 지위를 잃어버릴 때 우리의 강함과 올바름까지 잃어버리지는 않는다. 그 안에서 우리의 부와 힘, 그리고 행복을 찾을 수 있는 것이다.

 자신에게 집착하는 자는 자기 자신의 적이다. 그리고 그는 적으로 둘러싸이게 된다. 자신을 버리는 사람은 자기 자신을 구원하는 사람이다. 그는 보호대와 같이 친구들로 둘러싸이게 된다. 순수한 마음의 거룩한 빛 앞에서 모든 어둠은 사라지고 모든 구름은 물러간다. 또한 자신을 정복한 사람은 세상을 정복한 사람과 같다. 자기 자신에게서 빠져나옴으로써 자신의 가난에서 빠져나와라. 자기 자신에게서 빠져나옴으로써 불행과 한

숨과 불평과 상심과 외로움에서 빠져나와라.

하찮은 이기심이라는 누더기를 벗어버리고 보편적인 사랑이라는 새 옷을 걸쳐라. 그러면 내면의 행복을 깨닫게 될 것이며 그것은 외부의 생활에 그대로 반영될 것이다.

자기 정복의 길에서 굳건하게 발걸음을 옮기는 자는 신념의 지팡이에 의해 도움을 받으며 자기희생의 대로를 걷는다. 그는 반드시 가장 고귀한 부를 얻게 되며 지속적인 기쁨과 축복을 누릴 것이다.

생각의 소리 없는 힘

우주에서 가장 강력한 힘은 소리가 없다. 그 힘의 강력함에 걸맞게 바르게 사용하면 도움이 되지만 잘못 사용하면 파멸을 부른다. 이것은 증기와 전기 같은 기계적인 힘에도 적용되는 상식이다. 하지만 이 지식을 정신의 영역에서 바르게 사용하는 법을 배우는 사람은 극히 드물다. 가장 강력한 힘인 생각의 힘은 꾸준히 생겨나 구원 아니면 파멸의 파동을 발사한다.

진화의 현 단계에 이르러서야 인류는 이러한 힘을 소유하게 되었다. 우리가 현재 누리고 있는 발전은 이들의 완전한 정복에서 나왔다. 이 물질로 이루어진 지구 위의 인간에게 가능한 모든 지혜는 극기를 통해 완성된다. "원수를 사랑하라"는 지금 당장 숭고한 지혜 안으로 들어와 사람들이 현재 노예처럼 지배받고 있으며 이기심이라는 냇물을 한낱 지푸라기처럼 무기력하게 떠내려가도록 하는 생각의 힘을 장악하고 변화시키라고 명한다.

고대 히브리 선지자들은 궁극적인 법칙에 대한 완벽한 지식을 갖고 언제나 바깥에서 일어나는 일을 내면의 생각과 연결했고, 국가적인 재난이나 성공을 당시 나라를 지배하고 있던 생각과 열망과 연관 지을 줄 알았다. 생각의 원인이 되는 힘에 대해서 아는 것이 그들 예언의 바탕이 되었다. 그것은 모든 참된 지혜와 힘의 바탕이 되기도

한다.

국가적인 사건은 그 나라의 정신적인 힘의 작용에 지나지 않는다. 전쟁, 전염병, 그리고 기근은 잘못된 생각의 충돌이 절정에 이르러 법칙의 대행자로서 파멸이 끼어든 것이다. 전쟁의 원인을 한 사람이나 일군의 사람들에게 돌리는 것은 어리석은 짓이다. 그것은 국가적인 이기심이 정점에 달해 벌어지는 참극이다.

사물은 객관화된 생각이다

모든 것을 존재하게 하는 것은 소리 없이 정복하는 생각의 힘이다. 우주는 생각에서부터 자라났다. 사물을 깊이 분석하다 보면 최후에는 객관화된 생각만이 남는다는 것을 알 수 있다. 인류의 모든 업적은 처음에는 생각에서 시작되어 객관화된 것이다. 작가, 발명가, 그리고 건축가는 처음에는 자신의 머리 속에서 작품을 만들어 사고의 영역에서 완벽한 조화를 이루게 되었을 때 비로소 구체화시켜 물질의 영역이나 감각의 영역에 내놓는다.

모든 것을 지배하는 법칙과 생각의 힘이 조화를 이루면 만물을 고양시키고 보호하는 힘이 되지만 그 법칙을 전복하려 하면 자기를 파괴하는 힘이 된다.

모든 생각을 만물에 편재하는 위대한 선을 향한 완벽하고 흔들리지 않는 신념과 조화를 이루게 하는 것은 선을 돕는 일이며 자신 안에 모든 악을 파괴하고 해결할 수 있는 힘을 기르는 행위다. 믿는 자에게 복이 있다. 이 말 안에 구원의 참된 의미가 담겨 있다. 영원한 선의 생명의 빛을 깨닫고 그 안에 들어와야 어둠으로부터 구원을 받고 악을 소멸시킬 수 있다.

부정적인 생각을 극복하자

두려움, 걱정, 불안, 의심, 고통, 원한, 그리고 낙심은 무지와 부족한 신념의 결과다.

이 모든 정신적인 조건은 이기심의 직접적인 산물이며 악의 힘과 우월성을 믿는 마음에서 비롯된다. 그들은 실용적인 무신론을 구성하게 된다. 따라서 이러한 부정적이고 영혼을 파괴시키는 마음속에서 살며 예속되는 것이 참된 의미의 무신론이다.

인류에게 필요한 것은 그러한 상황에서의 구원이며 자신이 무력하고 순종적인 노예로 있는 한 아무도 구원받았다고 자랑할 수는 없다. 두려워하거나 근심하는 것은 저주를 하는 것만큼 사악한 행위다. 영원한 정의와 만물에 존재하는 선, 그리고 한없는 사랑에 대한 본질적인 믿음을 갖고 있다면 두려움이나 근심의 여지가 남아 있을 수 없기 때문이다.

이러한 정신 상태에서부터 모든 나약함과 실패가 진행된다. 그것들이 긍정적인 생각의 힘을 무력화하고 붕괴시키기 때문이다. 이들이 없다면 생각의 힘은 목적을 향해 힘 있게 뻗어나가 좋은 결과를 가져올 것이다.

이러한 부정적인 조건을 극복하려면 힘을 키우고 노예 상태에서 벗어나 자신의 주인이 되어야 한다. 이를 위해서는 내면의 지식을 꾸준히 키워나가는 방법밖에 없다.

정신적으로 악을 부정하는 것만으로는 충분하지 않다. 일상적인 훈련을 통해 악을 초월하고 이해해야 한다. 정신적으로 선을 받아들이는 것만으로는 충분하지 않다. 확고한 노력으로 선 안으로 들어가 이해해야 한다.

자기통제의 지적인 훈련은 자신의 내부에 있는 생각의 힘에 대한 지식으로 이어지고 나중에는 생각의 힘을 손에 넣고 이를 바르게 사용하는 법을 익히게 된다.

정신력의 지배를 받는 대신 이를 지배하는 만큼 당신은 자신의 주인이 되고 외부의 사건이나 상황을 다스릴 수 있게 된다.

상황의 노예가 되지 마라

손이 닿는 것마다 무너져 내리고 손 안에 성공을 쥐어주어도 이를 간직하지 못하는 사람을 데려와 보라. 그러면 그가 힘을 부정하는 정신적인 조건을 지녔다는 것을 보여주겠다.

의심의 늪에 영원히 잠겨 있고, 끊임없이 두

려움의 유사(流砂)에 빠져들고, 불안의 바람에 이리저리 날리는 사람은 비록 성공과 권력이 계속해서 문을 두드리며 안으로 들여보내달라고 졸라도 노예로 남아 노예의 삶을 산다. 이런 사람들은 신념도 없고 자립심도 없으며 자신의 일을 해결할 능력도 없어서 상황의 노예가 된다. 사실 그들은 자기 자신의 노예다. 이런 사람들은 외부의 고통을 통해서만 깨달음을 얻을 수 있고 비참한 경험을 한 뒤에야 자신의 나약함을 강인함으로 변화시켜 현재 상태에서 빠져나올 수 있다.

고요하고 잔잔한 마음을 가져라

신념과 목적은 삶의 동기가 되는 힘을 구성하는 요소들이다. 굳은 신념과 단호한 목표가 이루지 못할 일은 아무것도 없다. 단순한 신념을 일상에서 실천하는 일을 통해 생각의 힘을 모을 수 있고 날마다 조용하게 목표를 키워 나가는 일을 통해 이러한 힘들이 성취하려는 목표로 향할 수 있다.

인생에서 어떠한 위치를 차지하고 있건 간에 어느 정도의 성공, 효용성, 그리고 힘을 얻으려면 고요함과 차분함을 키워 생각의 힘을 집중시키는 방법을 배워야 한다. 당신은 사업가인데 난데없이 엄청난 시련이나 예상치 못한 재난을 당했다고 생각하자. 당신은 지금 두려움과 불안에 떨며 어찌할 바를 모르고 있다. 이러한 정신 상태에 계속 머무는 것은 치명적이다. 불안이 들어오면 정확한 판단력은 사라지기 때문이다.

이른 아침이나 밤의 조용한 시간 중 한두 시간의 짬을 내어 아무도 방해하지 않을 외딴 곳이나 방에 들어가 억지로라도 불안한 생각을 떨쳐버리고 유쾌하고 행복을 가져오는 것들에 대해 사색하다 보면 고요하고 평온한 힘이 점차 마음속으로 들어오고 불안은 사라질 것이다.

마음이 다시 근심이라는 낮은 영역으로 되돌아가는 것을 느낀 순간 스스로 평화와 힘의 영역을 회복하려고 하고 있음을 깨달을 것이다. 이것이 가능해지면 정신 전체를 자신의 고난을 해결하는 방법을 찾기 위해 집중한다. 그렇게 하면 두려움에 떨고 있었을 때에는 복잡하고 이겨낼 수 없는 것으로만 보였던 고난이 간단하고 만만해 보이게 될 것이다. 그리고 고요하고 잔잔한 마음을 가진 사람만의 맑은 눈과 완벽한 판단으로 가야 할 길과 진정한 목적을 볼 수 있게 될 것이다.

영혼의 힘을 올바로 쓰라

마음을 완벽하게 가라앉히게 될 때까지 날마다 여러 번씩 시도해야 할지도 모른다. 하지만 끈기 있게 노력하면 반드시 가능해질 것이다. 그런 후, 그 사색을 통해 얻은 깨달음을 반드시 실행에 옮겨야 한다.

당연히 일상의 업무에 골몰하다 보면 다시 걱정이 슬금슬금 들어와 당신을 지배하려 들 것이다. 자신의 깨달음이 잘못됐거나 어리석은 것처럼 여겨질지도 모르지만 그러한 유혹에 넘어가지 마라. 불안의 그림자를 따르지 말고 고요함의 비전이 인도하는 대로 완전히 몸을 맡겨라.

고요히 사색에 잠기는 시간은 계몽과 정확한 판단의 시간이다. 이러한 정신 훈련 과정을 거치면 흩어진 생각의 힘이 응집되어, 목표를 향해 뻗어 나가는 서치라이트처럼 방향을 갖고 당면 문제를 비출 수 있게 된다. 그렇게 하면 문제는 저절로 물러갈 것이다.

고요하고 강하게 생각을 집중하면 해결하지 못할 문제가 없고 영혼의 힘을 현명하고 올바른 방향으로 사용할 때 실현할 수 없는 정당한 목표는 없다.

내면의 본성을 찬찬히 깊이 들여다보고 그 안에 숨어 있는 많은 적을 물리친 뒤에야 생각의 신비한 힘, 외부 세계와 물질에 대한 불가분의 관계, 그 엄청난 잠재력에 대해 어느 정도 이해하게 될 것이다.

생각은 힘이다

당신이 한 모든 생각은 외부 세계로 내보냈던 힘이며, 그 속성과 강렬함의 정도에 따라 그것을 받아들이는 마음속에 깃들어 선과 악의 힘을 대신

해 당신에게 영향을 끼친다.

정신과 정신은 끊임없이 서로 영향을 주고받으며 계속해서 생각의 힘을 교환한다.

이기적이고 불쾌한 생각은 악의에 차고 파괴적인 힘이며, 수많은 악의 전령으로 다른 정신에 있는 악을 자극하고 키워준다. 그리고 그것은 증폭된 힘으로 다시 당신에게 돌아온다.

평온하고 순수하고 이타적인 생각은 수많은 성스러운 전령으로 이 세상에 나가 그 날개 위에 건강, 치유, 축복을 실어 나르며 악의 힘을 저지한다. 그리고 환희의 성유를 불안과 비탄의 거친 물결에 뿌리고 상심한 마음을 어루만져 본래 갖고 있던 영원성을 회복시킨다.

선한 생각을 하라. 그러면 곧 우호적인 상황

이란 형태로 바깥 세계에 실체화될 것이다. 자신이 가진 영혼의 힘을 다스리면 자신의 의지대로 외적인 삶을 변화시킬 수 있을 것이다. 구세주와 죄인의 차이는 전자가 내면의 힘을 완벽하게 다스리는 반면 후자는 내면의 힘의 지배를 받아 그에 따라 움직인다는 것이다.

평온한 정신이 성공을 가져온다

자기 절제와 자기 통제, 그리고 자기 정화를 통하지 않고서 진정한 힘과 영속적인 평화를 얻을 수는 없다. 자기 기질에 따라 움직이게 되면 무능하고 불행하며 쓸모없는 인간이 된다.

좋다든지 싫다든지 하는 하찮은 감정들과 변덕스러운 사랑과 증오, 격렬히 치밀어 오르는 분노라든지 의심, 질투, 그리고 그밖에 자신을 어쩔 수 없이 지배하는 모든 표리부동한 감정을 정복해야 한다. 이것은 인생의 그물을 행복과 풍요의 황금 실로 짜기 전에 당신이 수행해야 할 과제다.

내면의 변덕스러운 감정에 지배를 받는 한, 당신은 살아가는 동안 다른 사람들과 바깥 세계의 도움에 의존하게 된다. 확신에 찬 걸음으로 삶의 오솔길을 걸어가고 어떠한 종류의 성취라도 이루려면 성장을 가로막는 이러한 불쾌한 파장을 초월하고 조정하는 법을 배워야 한다.

그렇게 하려면 날마다 마음을 쉬게 하는 습관을 들여야 한다. 흔히 '침묵 속으로 들어가기'라고 하는 이 훈련은 혼란스러운 생각을 평화로운 생각으로, 나약한 생각을 강인한 생각으로 대체하게 한다. 이것을 성공적으로 실행하게 되기 전까지는 정신의 힘을 문제로 돌려 해결하거나 약간의 성공이라도 거두는 삶을 영위하거나 하는 일을 기대할 수 없다. 이것은 사람의 흩어진 힘을 하나의 강력한 물줄기로 뭉치게 한다.

쓸모없는 늪지대가 불순물과 더러운 물을 배수로로 흘려보냄으로써 황금빛 옥수수나 탐스러운 과실이 열리는 비옥한 땅으로 변할 수 있듯이 평온함을 얻어 생각의 흐름을 가라앉히고 한 줄기로 흐르게 하는 법을 깨우친 사람은 자신의 영혼을 구원하고 마음과 인생을 풍요롭게 가꿀 수 있다.

극기하면 내면의 힘이 자란다

자신의 충동과 생각을 극복하는 데 성공하면 자기 안에 새롭고 조용한 힘과 평온한 감정, 그리고 사라지지 않는 강인함이 자라나는 것을 느끼게 된다. 자신 안에 숨어 있던 힘이 모습을 드러내, 과거 자신의 노력은 미약하고 소용이 없었던 반면에 이제 성공을 부르는 조용한 자신감으로 일할 수 있게 될 것이다.

그리고 이러한 새로운 힘과 강인함과 함께 '직감'이라고 일컫는 내면의 등불이 눈을 뜨게 되어 더는 어둠과 막연한 추측 속에서 헤매지 않고 빛과 확신 속에서 걸을 수 있을 것이다.

영혼의 비전을 개발함에 따라 판단력과 정신

적인 통찰력이 기하급수적으로 성장하고 내면에서 닥쳐올 일과 노력의 결과를 놀라운 정확성으로 예측할 수 있도록 도와줄 예지적인 비전이 자라나기 시작한다.

그리고 자신의 내면이 바뀐 만큼 인생에 대한 관점도 바뀔 것이다. 또한 다른 사람들에 대한 정신적인 태도가 바뀐 만큼 그들도 당신에 대한 태도와 행동을 바꿀 것이다.

당신이 저속하고 해롭고 파괴적인 생각의 힘을 초월하면 강하고 순수하고 고상한 마음에서 나오는 긍정적이고 힘을 주는 창조적인 흐름과 접촉하게 된다. 행복은 측정이 불가능할 정도로 커지고 극기를 통해서만 얻을 수 있는 기쁨과 강인함과 힘을 깨닫게 될 것이다.

그리고 이러한 기쁨, 강인함, 그리고 힘이 늘 당신에게서 발산되어 굳이 노력하지 않아도 의식하지 못하는 사이에 강한 사람들이 당신에게 이끌려 당신 주위에 몰려들게 될 것이다. 남에게 감화를 줄 수 있게 되고 생각의 세계가 변한 대로 외부 상황도 달라질 것이다.

"자신의 적은 가족이나 마찬가지다."

쓸모 있고, 강인하고, 행복해지고 싶은 사람들은 부정적이고 비굴하고 불순한 생각의 흐름을 소극적으로 받아들이는 일을 그만둬야 한다. 현명한 가장이 하인들을 부리고 손님들을 초대하듯이 우리는 권위를 갖고 자신의 욕망을 부려야 하며 영혼의 집에 들여놓을 생각을 가려내야 한다.

약간의 극기만 이루어져도 내면의 힘은 크게

증가하며 이 숭고한 업적을 완벽하게 수행하는 자는 감히 꿈도 꾸지 못했던 지혜와 내면의 강인함과 평화를 얻게 되고 우주의 모든 힘이 자기 영혼의 주인이 되는 사람들을 돕고 보호한다는 사실을 깨닫게 된다.

건강, 성공 그리고
힘의 비밀

어린 시절 아무리 들어도 질리지 않는 동화에 귀를 기울일 때의 즐거움을 우리는 기억하고 있다. 운명의 장난에 휘말려도 위기의 순간에 교활한 마녀나 잔인한 거인 그리고 못된 할멈들의 사악한 음모에서 언제나 보호받는 착한 어린이들의 행적을 우리는 열심히 따라가곤 했다. 어린 우리는 주인공들의 운명을 믿었고 그들이 결국 적에게서 승리를 얻으리라는 것을 의심하지 않았다. 요정들은 언제나 옳고 선과 진실의 편에 선 자들을 버리지 않는다는 것을 알고 있었기 때문이다.

 요정의 여왕이 결정적인 순간에 마법의 힘을

동원해서 모든 어둠과 고통을 날려버리고 주인공들의 모든 희망을 들어준 후 그들이 "영원히 행복하게 살았다"는 이야기를 들으면 우리의 가슴속에는 말로 형언할 수 없는 기쁨이 가득 차곤 했다.

세월이 흐르면서 삶의 '현실'이라고 일컫는 것과 점점 가까워지면서 우리의 아름다운 동화의 나라는 사라지고 그 안에 살고 있던 아름다운 주민들은 기억의 저편에 있는 희미한 비현실 세계로 추방되었다. 우리는 어린이다운 꿈의 나라를 영원히 떠나면서 자신이 현명하고 강하다고 생각했을 것이다.

그러나 우리는 지혜의 신비로운 세계에서 어린아이로 다시 태어나면서 어린 시절 영감을 주었던 꿈의 나라로 돌아와 결국 동화의 이야기가 현실이었다는 사실을 발견하게 된다.

너무 작아 거의 눈에 보이지도 않지만 막강한 마법을 지니고 선함과 건강과 부, 그리고 행복을 자연의 다른 선물과 함께 풍성하게 내려주던 요정들은 다시 현실 세계로 돌아와, 지혜가 깊어짐에 따라 생각의 힘에 대한 지식과 존재의 내면 세계를 지배하는 법칙의 세계로 들어온 자의 영혼 속에서 불멸의 존재가 된다. 그에게 요정은 생각의 나라에서 살고 있는 주민, 생각의 전령, 그리고 생각의 힘으로 다시 생명을 얻어, 모든 것을 지배하는 선과 조화를 이루며 일하고 있는 것이다.

날마다 자신의 마음이 궁극적인 선의 마음과 조화를 이루도록 노력하며 사는 사람들은 현실에서도 진정한 건강과 부와 행복을 얻게 된다.

선은 인간을 보호한다

선만큼 인간을 확실하게 보호해주는 것은 없다. 여기에서 내가 말하는 선은 외부 세계의 윤리적 법칙에 따르는 것 이상의 의미를 지니고 있다. 내가 말하는 선은 순수한 생각과 고귀한 열망, 이타적인 사랑, 그리고 자만심으로부터의 해방을 의미한다. 언제나 선한 생각을 한다는 것은 다가온 모든 이에게 흔적을 남기는, 다정함과 힘으로 이루어진 영적인 대기 속에 머무는 것과 같다.

떠오르는 태양이 무기력한 그림자를 몰아내듯 모든 무능한 악의 세력은 순결함과 신념으로 강인해진 마음이 내쏘는 긍정적인 생각의 빛을 피해 앞을 다투어 도망간다.

단단한 신념과 타협하지 않는 순수함이 있는 곳에 행복과 성공과 힘이 있다. 그곳에 질병과 실패와 재난이 머물 곳은 없다. 그들이 자양분으로 삼을 것이 아무것도 없기 때문이다.

병은 마음에서 시작된다

육체적인 상태조차도 정신 상태에 의해 상당 부분 좌우된다. 과학자들도 이러한 사실을 빠른 속도로 인정해가고 있는 추세다. 육체가 사람을 만든다는 낡은 유물주의적인 믿음은 점점 사라지고 있다. 대신 그 자리에 인간은 육체보다 우월하며 육체는 생각의 힘으로 우리가 만드는 것이라는 영적인 믿음이 자리잡았다. 온 세상 사람들은 사람이 비탄에 빠지는 것은 병들었기 때문이라는 믿음을 버리고 사람이 비탄에 빠지기 때문에 병이 든다는 사실을 깨닫게 되었다. 이제 모든 질병이 마음에서 온다는 사실은 상식이 될 것이다. 정신에 그 뿌리와 근원을 두지 않는 악은 없으며, 죄악, 질병, 슬픔, 재난은 실제로는 우주의 질서 안에 포함되어 있지 않고, 사물의 본성에 고유하게 자리잡은 것이 아니다. 악은 다만 사물의 바른 관계에 대한 무지의 직접적인 결과에 불과하다.

역사에 의하면 옛날 인도에 있던 한 철학 학파의 학자들은 완벽하게 순수하고 단순한 삶을 살았기 때문에 150살까지 사는 게 예사였다고 한다. 그들에게 병이 든다는 것은 자연의 법칙을 어졌다는 증거가 되었기 때문에 용납할 수 없는 수치로 간주되었다.

 질병이 분노한 신의 임의적인 방문이나 지혜롭지 못한 섭리가 내리는 시험이 아니라 우리 자신의 실수나 죄의 결과라는 사실을 더 빨리 깨닫고 인정한 만큼 조금이라도 더 빨리 건강의 탄탄대로에 들어설 수 있다. 병은 병을 부르는 사람들에게 가게 마련이다. 정신과 마음이 병을 받아들여야 병이 찾아오는 법이다. 강인하고 순수하고 긍정적인 생각이 내뿜는 치유와 생명의 흐름을 가진 사람들에게서는 병이 제 발로 도망가기 때문에 그들은 병에 걸리지 않는다.

부정적인 감정은 질병을 부른다

당신이 분노, 근심, 질투, 그리고 탐욕을 비롯한, 조화롭지 못한 정신 상태를 지녔는데도 완벽한 건강을 가진다는 것은 불가능하다. 왜냐하면 당신 자신의 정신 안에 계속해서 병의 씨앗을 뿌리고 있기 때문이다. 현자들은 그러한 정신 상태를 조심스럽게 피해왔다. 그들은 조화롭지 못한 정신 상태가 세균이 득시글거리는 집이나 더러운 하수구보다도 더욱 건강에 해롭다는 사실을 알고 있기 때문이다.

모든 육체적 고통과 아픔에서 해방되어 완벽한 육체적 조화를 누리고 싶다면 우선 정신을 건강하게 만들고 생각을 조화롭게 가꿔라. 즐거운 생각을 하라. 다정한 생각을 하라. 선의의 묘약이 혈관을 따라 흐르게 하면 다른 약은 아무 필요 없다.

질투와 의심과 근심과 증오와 게으름을 버리면 질병과 피로와 불안과 관절의 통증도 함께 버리게 될 것이다. 이러한 해롭고 타락한 정신 습관을 버리지 않았다면 언젠가 병에 걸리더라도 불평하지 마라.

다음에 소개하는 일화는 정신 습관과 몸의 건강 사이의 밀접한 관계를 잘 설명해준다. 한 남자가 고통스러운 병에 걸렸다. 그는 여러 의사를 찾아갔지만 아무 소용이 없었다. 병을 고치는 온천으로 유명한 마을들을 찾아가 그 물로 목욕도 해보았지만 병은 점점 더 심해졌다.

어느 날 밤, 그는 자신에게 현자가 찾아온 꿈

을 꾸었다. 현자는 물었다.

"형제여, 그대는 모든 치유 방법을 다 시험해 보았는가?"

"모든 것을 다 시험해봤습니다."

남자는 대답했다.

"아니다."

현자는 말했다.

"나를 따라와라, 그대가 알지 못하는 치유의 온천을 보여주겠다."

병든 남자는 그를 따라갔다. 현자는 그를 맑은 연못에 데려가더니 말했다.

"이 물에 몸을 담그면 그대는 반드시 나으리라."

그리고 현자는 사라졌다.

남자가 물 속에 몸을 담갔다가 물 밖으로 나오자 병은 그의 몸을 떠났다. 그때 남자는 연못에 '단절하라'라는 단어가 있는 것을 발견했다. 잠에서 깨어나자 꿈에서 얻은 깨달음이 그의 머리를 채웠다.

자신의 내면을 들여다본 남자는 자신이 그 동안 무기력한 방종의 희생자였다는 것을 알게 되었다. 그는 앞으로 영원히 방종과 단절된 삶을 살리라고 맹세했다. 그는 자신의 맹세를 지켰으며 그때부터 그의 병은 나아가기 시작해서 얼마 지나지 않아 건강을 되찾게 되었다.

건강과 성공은 함께 다닌다

많은 사람들이 과로로 몸이 나빠졌다고 불평을 하곤 한다. 이들 중 대다수는 현명하지 못하게 기력을 낭비한 탓에 건강을 잃었다. 건강을 지키고 싶다면 일하면서 불화를 일으키지 않는 법을 배워야 한다. 사소한 일로 불안해하거나 흥분하거나 걱정하는 것은 쇠약한 몸을 부르는 것과 같다.

육체노동이든 정신노동이든, 노동은 유익하며 건강을 가져다준다. 평정을 잃지 않고 꾸준히 일할 수 있는 사람은 모든 불안과 근심에서 자유롭다. 손에 쥔 일 외에 모든 것을 잊기에 늘 허둥지둥하고 불안에 떠는 사람들보다 더 많은 것을 이룰 수 있을 뿐 아니라 건강 역시 유지할 수 있다.

진정한 건강과 진정한 성공은 함께 다닌다. 생각의 영역에서 이 둘은 떨어질 수 없게 얽혀 있기 때문이다. 정신적 조화는 육체의 건강을 가져오는 것처럼 계획을 실현하는 데에도 조화로운 결과를 가져오게 한다.

생각을 정돈하라. 그러면 삶도 정돈될 것이다. 충동과 편견이라는 거친 바다에, 불운이라는 폭풍우에, 고요의 기름을 부어라. 그들이 아무리 위협해도 결코 그대 영혼의 배를 침몰시킬 수 없을 것이다. 그 배는 삶의 대양을 유유히 헤쳐 나갈 것이다. 그리고 밝고 흔들림 없는 신념이라는 선장이 그 배를 몰고 있다면 앞길은 더 한층 탄탄해지고 재난은 배에 달려드는 대신 그 옆을 스쳐 지나갈 것이다.

신념의 힘

모든 불후의 명작은 신념의 힘으로 이루어진 것이다. 궁극적인 것에 대한 신념, 모든 것을 지배하는 법칙에 대한 신념, 자신의 일에 대한 신념, 그리고 그 일을 이루기 위해 필요한 자신의 능력에 대한 신념이야말로 어떠한 일을 달성하고 흔들림 없이 서 있게 하는 토대가 된다.

어떠한 상황에서도 자신 안의 숭고한 암시를 따라라. 언제나 거룩한 자신에 대해 진실하라. 내부의 빛과 목소리에 의지하라. 그리고 미래가 당신의 모든 생각과 노력에 대한 보상을 내릴 것이라고 믿어라. 우주를 관장하는 법칙은 한 치의 어김이 없으므로 당신이 받을 몫을 수학적인 정확

함으로 안겨줄 것이라는 사실을 알고 자신의 목표를 향해 평온하고 두려움 없는 마음으로 나아가라. 이것이 신념이고 신념에 찬 삶이다.

이러한 신념의 힘으로 불확실성이란 어두운 바다가 갈라지고 어려움이라는 험한 산은 무너져 내린다. 믿는 영혼을 가진 자는 상처입지 않는다.

무엇보다도 독자여, 이러한 흔들림 없는 귀중한 신념을 쟁취하기 위해 투쟁하라. 신념은 행복과, 성공과, 평화와, 힘과, 삶을 거룩하게 만들고 고통을 이겨내게 하는 모든 것을 부르는 부적이다. 이러한 신념 위에 쌓는 것은 영원의 반석 위에 짓는 집과 같다. 그리고 불멸의 재료로 세운 건물은 절대로 무너지지 않는다. 신념 위에 쌓은 업적은 한낱 먼지로 사라질 모든 물질적인 사치와 부를 모두 모은 것보다도 더욱 위대한 것이기 때문이다.

비탄의 심연에 잠기든 환희로 둥둥 떠다니든 언제나 이 신념을 꼭 쥐고 움직이지 않는 영원의 토대에 발을 딱 붙이고 있어라. 이러한 신념을 지니고 있으면 자신에게 던져진 모든 악의 세력을 유리로 만든 장난감처럼 산산조각 내서 흩어버릴 수 있다. 그리고 당신은 단지 세속적인 성공을 추구한 사람들은 결코 꿈도 꾸지 못하고 알지도 못했던 것을 성취하게 된다.

"당신이 신념을 가지고 있어 이를 믿어 의심치 않는다면 이루지 못할 일이 없다…… 높은 산에게 일어나 바다에 빠지라고 명령해도 그대로 이루어질 것이다."

신념은 성공을 가져온다

오늘날 육신을 가진 사람들 중 이러한 신념을 깨닫고 신념 속에서 하루하루 이를 실천에 옮겨 극한의 시험을 거치고 영광과 평화의 경지에 들어선 이들이 있다. 이러한 이들이 명령하면 정신적인 피로와 육체적 고통이 초래한 슬픔과 낙심의 산은 눈앞에서 사라져 망각의 바다에 던져질 것이다.

당신이 이러한 신념을 갖고 있으면 미래의 성공과 실패를 근심하지 않아도 성공이 찾아올 것이다. 어떤 결과가 올지 불안해하지 않고 바른 생각과 바른 노력은 반드시 바른 결과를 가져다줄 것을 알기에 즐겁고 평화롭게 일하게 된다.

이러한 축복받은 만족의 경지에 들어선 한 여자를 나는 알고 있다. 그 여자의 친구가 얼마 전에 그녀에게 이렇게 말한 적이 있다.

"넌 참 운이 좋구나! 그저 바라기만 해도 이루어지니까."

그 말 그대로였다. 적어도 표면적으로는 그렇게 보인다. 그러나 사실 그 여자의 인생에 찾아온 모든 축복은 그녀가 일생 동안 완벽을 향해 가꾸고 단련한 내면의 축복된 상태의 직접적인 결과다. 단지 바라기만 한다면 실망 외에는 얻지 못한다. 중요한 것은 어떻게 살아가는가이다. 어리석은 자는 바라고 나서 불평하지만 현명한 자는 일하고 나서 기다린다.

이 여자는 열심히 일했다. 바깥세상의 일도

열심히 하고 내면을 갈고 닦는 일도 열심히 했다. 특히 내면의 마음과 영혼을 갈고 닦는 데 힘썼다. 그리고 보이지 않는 영혼의 손으로 신념, 희망, 기쁨, 헌신, 사랑이라는 보석을 재료로 삼아 아름다운 빛의 신전을 지어 그 거룩한 빛이 그녀를 감싸게 했다. 그녀의 눈은 거룩한 빛으로 반짝인다. 그 빛은 그녀의 얼굴을 빛나게 하고 목소리에서도 빛의 울림이 새어 나온다. 그녀를 만난 모든 사람은 그 빛의 마법에 사로잡힌다.

자기 운명은 자기가 만든다

그 여자가 한 것처럼 당신도 할 수 있다. 당신은

자신의 성공, 실패, 영향을 비롯한 삶 전체를 항상 몸에 지니고 다닌다. 당신이 하는 생각의 지배적인 흐름이 당신의 운명을 결정짓는 요소이기 때문이다.

다정하고 더럽혀지지 않고 행복한 생각을 하라. 그러면 축복이 당신의 손 위에 떨어질 것이며 당신의 식탁에는 평화라는 식탁보가 깔릴 것이다. 증오에 차고 불순하고 불쾌한 생각을 하라. 그러면 저주가 비처럼 당신에게 내릴 것이며 두려움과 불안이 베개 위에서 당신을 기다릴 것이다.

어떠한 운명이 되었든 당신은 당신 운명의 절대적인 창조자다. 당신이 매순간 자신의 삶을 성공시키거나 망칠 수 있는 영향력을 바깥 세계로 내보낸다. 인정과 사랑이 넘치고 남을 배려하는 마음을 가지면 비록 돈을 많이 벌지 못해도 당신의 영향력과 성공은 크고 오래 지속될 것이다.

사리사욕에만 정신을 쏟으면 비록 백만장자가 된다 하더라도 당신의 영향력과 성공은 최후의 심판일에 보면 하찮기 짝이 없는 것으로 나타날 것이다.

이와 달리 이 순수하고 이타적인 영혼을 가꿔서 순결함, 신념, 그리고 유일한 목적과 결합한다면 당신의 발전은 이러한 요소들 안에서 이루어져, 넘치는 건강과 오래 지속되는 성공뿐 아니라 위대함과 힘까지 얻게 될 것이다.

진정한 힘의 비밀

당신의 현재 위치가 불만스럽다면 그것은 당신의 마음이 일에서 떠나 있기 때문이다. 다소 불만이 있더라도 정직하고 부지런히 의무를 수행해 더 나은 지위와 기회가 자신을 기다리고 있다는 확신을 갖고 기회의 실마리를 주의 깊게 찾다 보면, 결정적인 순간이 왔을 때 당신은 완벽하게 준비를 갖추고 눈앞에 나타난 새로운 길에 발을 들여놓을 수 있을 것이다. 이러한 지혜와 선견지명은 정신적인 훈련에서 생긴다.

당신의 임무가 무엇이 됐든지 정신을 집중해서 가지고 있는 모든 에너지를 쏟아 부어라. 작은 일을 완벽하게 해내면 반드시 더 큰일을 할 수 있게 된다. 한 걸음 한 걸음 착실히 오르면 추락하는 일은 절대 생기지 않을 것이다. 여기에 진정한 힘의 비밀이 있다.

꾸준한 훈련에 의해 자신의 능력을 보존해두었다가 언제 어디서라도 때가 되면 발휘할 수 있도록 하라. 어리석은 자는 자신이 가진 모든 정신적이고 영적인 에너지를, 육체적인 방종은 말할 것도 없고 시시한 일이나 멍청한 수다, 그리고 이기적인 언쟁에 다 소모해버린다.

흔들리지 않는 굳건함이 가진 힘

당신이 극복하는 힘을 얻었다면 평정과 흔들리지

않는 마음을 키워 나가야 한다. 이제 당신은 혼자 설 수 있을 것이다.

모든 힘은 부동적인 요소를 지니고 있다. 산, 거대한 바위, 폭풍을 이겨낸 참나무, 이들은 모두 힘의 상징이다. 이들이 홀로 서 있는 모습의 위용과 완고한 부동성 때문에 그렇게 여겨진다.

바람에 날리는 모래, 바람에 휘어지는 가지, 흔들리는 갈대는 나약함의 상징이다. 그것은 이들이 움직이고 저항하지 않으며 무리에서 떼어내면 아무 쓸모가 없어지기 때문이다.

힘을 가진 사람은 주변의 사람들이 감정과 열정에 흔들려도 침착한 태도를 유지하며 흔들리는 모습을 보이지 않는다.

자기 자신을 지배하고 다스리는 데 성공한 사

람만이 나에게 명령을 내리고 다스릴 자격이 있다. 신경질적이고 두려움이 많고 생각 없고 변덕스러운 사람들은 다른 이들과 어울리기를 좋아한다. 그들은 자신을 지탱할 사람들이 없으면 쓰러지기 때문이다. 그러나 차분하고 두려움이 없으며 사려 깊고 진지한 사람들은 숲, 사막, 산꼭대기와 같은 장소에서 혼자 있는 것을 즐긴다. 그러면 그들이 지닌 힘에 더 많은 힘이 보태져 인류를 압도하는 정신적 소용돌이를 더욱더 성공적으로 조절할 수 있게 된다.

열정은 힘이 아니다. 그것은 힘의 남용이며 힘의 분산이다. 열정은 비바람에 시달린 바위를 미친 듯이 때리는 사나운 폭풍우와 같지만 힘은 바로 그 바위와 같이 말없이 움직이지 않는 것이다.

가톨릭 교회의 부름을 받은 마르틴 루터는 보름스에 가면 신변의 안전을 위협받을까 걱정하여 끝까지 설득하는 친구들에게 이렇게 말했다.

"이 집 지붕의 기와 숫자만큼이나 많은 악마들이 보름스에 있어도 난 가겠네."

루터의 이 말은 진정한 힘이 무엇인지 보여준다.

벤자민 디즈레일리가 첫 의회 연설에서 실패했을 때 조소하는 의원들에게 던진 말은 막 싹을 틔운 힘을 보여주었다.

"당신들이 내 연설을 듣는 것을 영광으로 생각할 날이 언젠가 올 겁니다."

내가 아는 한 젊은이는 계속적인 불운과 반전 속에서 살고 있었다. 그의 친구들이 더는 노력을 해도 소용이 없을 것이라고 조롱하자 그는 이렇게 말했다.

"너희들이 나의 행운과 성공을 보고 놀랄 날이 멀지 않았어."

그는 이 말로 온갖 고난을 극복하고 자신의 인생을 성공으로 이끌 고요하고 강한 힘을 가지고 있다는 사실을 보여주었다.

자신의 삶에서 하찮은 것을 몰아내라

당신이 이러한 힘을 갖고 있지 않다면 훈련을 통해 얻을 수 있다. 힘이 시작되는 것은 지혜의 시작과 비슷하다. 목적 없는 사소한 것들을 극복하는 데에서부터 시작해야 한다. 당신은 그동안 기꺼이 사소한 것들의 희생물이 되어왔다. 떠들썩하고 억누르지 않은 웃음소리, 남을 비방하고 쓸데없는 말이나 오가는 대화, 단지 웃음만을 유발할 뿐인 농담, 당신의 귀중한 에너지를 낭비하는 이러한 모든 것들을 한쪽으로 치워버려야 한다.

사도 바울이 에페소 사람들에게 던진 경고의 말은 인간의 진보에 얽힌 숨겨진 법칙에 대한 놀라운 통찰을 보여주고 있다.

"실없는 말이나 농담은 해로운 것이다."

이러한 습관 속에 살면 삶의 모든 영적인 힘을 파괴하게 되기 때문이다.

이렇게 정신을 산란시키는 행위가 자신을 침범하지 못하게 하는 데 성공하면 비로소 진정한 힘이 무엇인지 이해하는 첫발을 디딘다. 그리고 보다 강한 열망을 갖고 자신의 영혼을 하나로 묶기를 갈구하게 된다. 힘을 써서 가는 길에 놓인 장애물을 없앤 뒤에야 앞으로 뻗은 길이 더 잘 보일 것이다.

한 가지 목표에 매달릴 때 힘이 생긴다

무엇보다 중요한 것은 목표를 하나만 설정하는 것이다. 그 목표는 정당하고 유용한 것이어야 한다. 그러고 나서 목표를 이루기 위해 헌신적으로 노력하라. 그 어느 것도 당신을 유혹하지 못하도록 하라. "딴마음을 먹은 사람은 가는 길이 불안할 수밖에 없다"는 말을 기억하라. 적극적으로 배우되 가르침을 구걸하지는 말라. 자신이 하는 일을 완벽히 이해해 자기 것으로 만들어라. 내면에 있는 인도자, 절대 틀리는 법이 없는 내면의 소리를 따르며 항상 앞으로 나아가다 보면 승리만이 있을 뿐이며 더 높은 곳에 있는 안식처를 향해 한 걸음 한 걸음 오르게 된다. 그렇게 되면 끊임없이 넓어지는 시야에 조금씩조금씩 삶의 본질적인 아름다움과 삶의 목적이 들어올 것이다.

자기 정화를 이룬 당신에게는 건강이 찾아온다. 자기를 다스리게 된 당신은 힘을 얻는다. 당신이 하는 일마다 번영할 것이며, 예전에는 위대한 법칙과 따로 떨어져 자기 자신의 노예가 되었지만 이제는 위대한 법칙과 조화를 이루게 될 것이다. 더는 보편적인 생명과 영원한 선에 저항하지 않고 함께 움직이게 된다. 그리고 당신을 찾아온 건강은 당신 곁을 떠나지 않을 것이다. 당신이 거둔 성공은 인간이 감히 헤아릴 수 없는 것이며 사라지지 않는 것이다. 당신의 영향과 힘은 세월을 거듭할수록 커지기만 할 것이다. 이미 그것들은 우주를 지탱하는 불변의 법칙을 이루는 한 부분이 되었기 때문이다.

순수한 마음과 잘 정돈된 마음, 이것이 건강의 비밀이다. 굳건한 신념과 현명하게 방향을 설정한 목표가 성공의 비밀이다. 그리고 확고한 의지로 욕망이라는 검은 말의 고삐를 단단히 움켜쥐는 것, 이것이 힘의 비밀이다.

끝없는 행복의 비밀

행복에 대한 갈구는 너무나 크다. 그리고 충분한 행복을 누리지 못하는 사람 역시 너무나 많다. 가난한 사람들 대부분이 부를 원한다. 재산이 궁극적이고 사라지지 않는 행복을 가져다준다고 믿기 때문이다. 모든 욕망과 변덕을 만족시키는 부유한 자들은 지루함과 포식으로 괴로워하며, 가난하기 짝이 없는 자들보다도 더욱 행복과 동떨어져 있다.

우리가 사물의 상태에 대해 곰곰이 생각한다면, 행복이 밖으로 드러난 소유에서 오는 것이 아니며 불행이 가지지 못했기 때문에 비롯되는 것이 아니라는 전능한 진실을 깨닫게 될 것이다. 행복이 물질의 소유에 달려 있다면 가난한 사람은 언제나 불행하고 부유한 자는 언제나 행복해야 한다. 하지만 그 반대의 경우도 흔히 찾아볼 수 있다.

내가 알고 있는 가장 불행한 사람들 중 일부는 부와 사치에 둘러싸인 자들이고 가장 밝고 행복한 사람들 중 일부는 살아가는 데 필요한 기본적인 것만 가진 자들이었다. 많은 재산을 모은 사람들 중 많은 이들이 재산을 모은 후 이기적인 만족을 추구하고 삶의 달콤함을 잃어서 과거 가난했을 때보다도 더 불행해졌다고 고백했다.

욕망의 착각

그러면 행복이란 과연 무엇이며 어떻게 지킬 수 있을까? 행복은 과연 허구와 착각에 지나지 않고 고통만이 영원한 것인가?

진지하게 관찰해보면, 지혜의 길에 이른 사람들을 제외하고는 대부분의 사람들이 행복은 욕망을 채워야 얻을 수 있다고 믿는 것을 발견하게 된다. 이렇게 무지의 토양에 뿌리를 내리고 이기적인 욕구에 의해 자양분을 얻은 믿음이 세상 모든 불행의 원인이다.

여기서 욕망이란 추악한 동물적인 갈망에 제한되지 않고 더 높은 정신적인 차원에 있는 훨씬 강하고 미묘하고 교활한 갈망까지 포괄한다. 이러한 종류의 갈망은 교양 있고 학식 있는 사람들을 속박해, 그들로부터 영혼의 표현 방식은 행복인데도 그 영혼에서 모든 아름다움, 조화, 그리고 순수함을 앗아간다.

대부분의 사람들은 이기심이 세상 모든 불행의 원인이라는 이야기를 들으면 고개를 끄덕일 것이다. 그러나 그들은 그것이 자신의 이기심이 아니라 다른 사람들의 이기심이라는, 영혼을 파괴하는 착각에 빠져 있다. 자신의 불행이 자신이 가진 이기심의 결과라는 사실을 기꺼이 받아들인다면 그 사람은 천국의 문에서 그리 멀리 떨어져 있지 않다. 하지만 다른 사람들의 이기심이 자신에게서 기쁨을 앗아간다고 믿는 한 자신이 만든 지옥의 죄수로 남게 될 것이다.

행복은 모든 욕망이 사라지고 기쁨과 평화가 가득한, 완벽한 만족을 이룬 정신 상태다. 욕망을 채움으로써 오는 만족은 짧고 헛된 것이며, 욕망은 점점 더 많은 것을 요구한다.

욕망은 대양과 같이 가라앉힐 수 없는 것이며 그 요구가 받아들여질수록 더욱 소리를 높이게 된다. 욕망은 착각에 빠진 사람들에게 더 많은 봉사를 요구하며, 마침내 육체적이고 정신적인 고통으로 쓰러지게 만들고 시련이라는 정화의 불길 속으로 떨어뜨린다.

욕망은 지옥의 하수인이며 모든 괴로움은 여기에서 생겨난다. 욕망을 버리는 것은 천국의 실현이며 모든 기쁨이 그곳으로 오는 순례자들을 맞기 위해 기다리고 있다.

나는 영계에 보낸 나의 영혼에게

내세의 편지를 보냈네

영혼이 조금씩 나에게 돌아와

속삭였네, 나 자신이 천국이자 지옥이라.

천국과 지옥은 정신의 상태다

천국과 지옥은 내면의 상태다. 자아에 몰입해 그 욕망만을 채운다면 지옥에 떨어질 것이다. 그러한 의식 상태를 초월하고 자아를 잊고 부정한다면 천국에 들어갈 것이다.

자아는 맹목적이고 판단력도 없으며 참된 지식도 갖고 있지 않다. 자아는 언제나 고통으로 우리를 몰고 갈 뿐이다. 올바른 인식, 공정한 판단, 그리고 참된 지식은 거룩한 상태에만 속해 있고 이러한 거룩한 의식을 깨닫는 일을 통해서만이 당신은 진정한 행복이 무엇인지 알 수 있다.

계속해서 개인적인 행복만을 이기적으로 추구하는 한 행복은 당신을 피할 것이며, 당신은 불행의 씨앗만을 뿌리게 될 것이다. 남을 위해 자신을 희생하는 만큼 행복이 당신에게 다가올 것이고 당신은 축복의 결실을 거두게 될 것이다.

축복받은 마음은
사랑하는 데서 얻는 것이지 사랑받는 데서 얻는 것이 아니다.
우리의 여행은

주는 데에 있지 받는 데에 있지 않다
자신이 원하는 것과 필요한 것을
남에게 주어라
그렇게 하면 영혼은 풍요로워지며
당신은 참된 인생을 살게 될 것이다.

고통스런 상실과 궁극적 소득

자기에게 집착하면 슬픔이 떠나지 않는다. 자신을 버리면 당신은 평화에 이르게 된다. 이기심을 추구하면 행복을 잃게 될 뿐이다. 하지만 우리는 그것을 행복의 원천이라고 믿고 있다. 대식가가 언제나 새로운 산해진미를 끊임없이 찾으며 죽어버린 자신의 미각을 자극하려고 하는 모습을 보라. 그가 얼마나 탐욕으로 부풀어 있고 힘겨워하며 병이 들었는지 보라. 그는 어떠한 음식도 즐거운 마음으로 먹지 못한다.

자신의 미각을 다스린 사람은 맛있는 음식을 찾지도 않을 뿐 아니라 미각의 즐거움에 대해 생각도 하지 않지만, 아무리 보잘것없는 음식에서도 행복을 찾는다. 자아의 눈으로 보는 사람은 충족된 욕망을 보고 있다고 생각하지만 언제나 불행의 해골을 껴안게 될 뿐이다. 자신의 모습을 구하려 하는 자는 잃을 것이요, 자신을 버리는 자는 삶을 얻을 것이다.

넘치는 행복은 이기적인 집착을 버리고 포기할 준비가 되어 있을 때 찾아온다. 너무나도 소중하게 여겨지지만 영원하지 못한 것들을 잃을 준비가 되어 있다면 매달리건 매달리지 않건 언젠가는 빼앗길 날이 올 것이다. 그렇게 되면 고통스러운 상실로 보였던 것이 사실은 궁극적인 소득이었음을 알게 될 것이다.

무언가를 얻으려면 무언가를 포기해야 한다. 기꺼이 소중한 것을 바치고 상실로 고통받는 것, 이것이 삶의 진실이다.

이기적인 행복을 찾지 마라

언젠가는 사라질 것을 자신의 중심에 놓으면서 어떻게 진정한 행복을 찾기를 바라는가? 한없이 넘치는 참된 행복이란 영원한 것을 자신의 중심에 넣음으로써만 찾을 수 있다.

영원하지 못한 것에 매달리고 집착하는 데에서 벗어나면 영원의 의식 안으로 들어설 수 있게 된다. 자기를 초월하고 영혼의 순결, 자기희생, 보편적인 사랑을 키워 나감으로써 당신은 그러한 영원의 의식 안에 있게 되며 어느 누구도 절대로 앗아갈 수 없는 참된 행복을 깨닫게 된다.

다른 사람에 대한 사랑으로 완전히 사심 없는 상태에 이르면 가장 고귀한 행복을 얻게 될 뿐 아니라 불멸의 영역에 들어서게 된다. 그가 거룩함을 실현했기 때문이다. 지나온 삶을 돌이켜보면, 가장 지고한 행복을 느꼈을 때는 자신을 부정하는 사랑이나 연민의 행동 또는 말을 했을 때임을 알게 될 것이다.

영적인 견지에서 보면 행복과 조화는 같은 것이다. 조화는 그 영적인 표현 방식이 사랑인 위대한 법칙의 한 국면이다. 모든 이기심은 부조화이며 이기적인 마음은 거룩한 질서에서 벗어나 있다. 자신을 부정함으로써 얻는 모든 것을 포용하는 사랑을 실행에 옮기면 우리는 거룩한 음악과 우주의 노래, 그리고 그 형언할 수 없이 아름다운 멜로디와 화음을 이루게 되는 것이다. 그러면 참된 행복이 자신의 것이 된다.

사람들은 행복을 찾기 위해 여기저기 맹목적으로 뛰어다니지만 발견하지 못한다. 행복이 이미 자신 안에, 자기 주위에 있으며 우주를 가득 채우고 있다는 사실을 알기 전까지는 행복을 찾을 수 없을 것이다. 그들은 이기적으로 행복을 찾으면서 오히려 행복을 몰아내고 있는 것이다.

행복의 비밀

나는 행복을 내 것으로 만들려고 뒤쫓았네
참나무 옆을 지나 흔들리는 담쟁이덩굴을 지나
그녀는 도망가고 나는 뒤쫓았네
경사진 언덕과 골짜기를 넘어,
들판과 초원을 넘어, 보랏빛 골짜기를 달렸네
흐르는 시냇물을 넘으며 그녀를 좇았네
독수리가 비명을 지르는 어지러운 절벽을 올랐네

모든 대륙과 바다를 지났네

하지만 행복은 언제나 나를 피해 가네

지치고 어지러워 나는 더 이상 좇지 않았네

황량한 물가에 몸을 눕혔네

나에게 음식을 구걸하는 사람도 있었고

적선을 부탁하는 사람도 있었네

나는 그들의 메마른 손 위에

빵과 황금을 놓았네

나에게 동정을 구하는 사람도 있었고

휴식을 구하는 사람도 있었네

나는 정성을 다해 그들의 부탁을 들어주었네

그때, 보라!

행복이 거룩하고 아름다운 모습으로

내 옆에 서서 부드럽게 속삭였네

나는 당신의 것이라고.

벌레이의 이 아름다운 시는 한없는 행복의 비밀을 잘 말해준다. 개인적이고 덧없는 것들을 희생하면 개인을 초월한 영원함의 경지에 오르게 될 것이다. 하찮은 흥미에 모든 것을 종속시키는 좁고 갑갑한 자신을 버리자. 그렇게 하면 당신은 천사의 무리에 들어갈 수 있을 것이며 보편적인 사랑의 중심과 본질에 이를 수 있을 것이다.

다른 이들의 괴로움과 다른 이들에 대한 봉사 속에 자신을 완전히 잊으면 거룩한 행복이 당신을 모든 슬픔과 고통에서 해방시켜줄 것이다.

"첫 번째로는 좋은 생각을 하고, 두 번째에는 친절한 말을 하고, 세 번째에는 선한 행동을 했다. 나는 이렇게 천국으로 들어갔다."

당신 역시 같은 과정을 거쳐 천국에 들어갈 수 있을 것이다. 천국은 저 너머에 있는 게 아니라 바로 이곳에 있다. 천국은 이기심을 버려야 실현될 수 있고 마음이 순수한 사람만이 그 완전한 모습을 알 수 있다.

이 한없는 행복을 실현하지 못했다면 언제나 이타적인 사랑에서 나온 높은 이상을 바라보며 그곳에 가까이 가기를 원하라. 열망이나 기도는 승화된 욕망이다. 그것은 자신이 나온 거룩한 근원으로 향하는 영혼이다. 그리고 영원한 만족은 오직 그 안에서만 찾을 수 있다. 열망에 의해 욕망의 파괴적인 힘은 모든 것에 충만한 거룩한 에너지로 변화된다. 열망한다는 것은 욕망의 속박을 벗어 던지려고 노력하는 일이며 탕자가 고독과 고통을 통해 깨달음을 얻어 아버지에게로 다시 돌아가는 것과 같다.

보상을 바라지 말고 주라

자신이라는 더러움을 극복하고 당신을 둘러싼 쇠사슬을 하나하나 끊으면 주는 것의 기쁨을 깨닫게 될 것이다. 이것은 탐욕으로 인한 고통과는 반대되는 것으로 자신의 일부를 주는 행위를 가리킨다. 자신의 지성을 주고 자기 속에 자라는 사랑과 빛을 주는 행위다. 그렇게 되면 당신은 "받는 것보다 주는 것이 더욱 큰 행복을 가져다준다"는 사실을 깨닫게 될 것이다. 하지만 주는 것은 마음에서 우러나와야지 보상을 받으려는 자아에 의해 더럽혀져서는 의미가 없다.

순수한 사랑의 선물은 언제나 축복으로 보상받는다. 당신이 무언가를 베푼 뒤 감사나 칭찬의 말을 듣지 못했거나 신문에 자신의 이름이 나오지 않았다고 상처를 입는다면 그 선물은 자만심에서 나온 것이지 사랑에서 우러나오지 않았다는 것을 깨달아야 한다. 당신은 대가를 얻기 위해 준 것이며 진정으로 주었다기보다는 움켜쥐고 놓지 않은 것이나 마찬가지다.

다른 사람들의 안위를 위해 자신을 희생하라. 모든 일을 하는 데에서 자신을 생각하지 마라. 이것이 한없는 행복에 이르는 비밀이다.

언제나 이기심을 경계하며 내적인 희생의 거룩한 교훈을 충실히 받아들여라. 그렇게 함으로써 당신은 행복의 가장 높은 봉우리에 오르게 되고 보편적 즐거움이라는, 결코 구름에 가려지지 않는 햇살 속에 남아 불멸이라는 빛나는 의복을 걸치게 될 것이다.

풍요로운 삶의 실현

진정한 풍요로움은 성실함, 믿음, 관대함, 그리고 사랑으로 넘치는 마음에만 내려진다. 이러한 자질을 갖추지 못한 자는 풍요로움이 무엇인지 알 수 없다. 풍요로움은 행복과 마찬가지로 물질적인 소유가 아니라 내면의 깨달음이기 때문이다.

탐욕스러운 사람이 백만장자가 될 수도 있다. 그러나 그는 언제나 비참하며 비천하고 불행할 것이다. 심지어 자기보다 더 부유한 사람이 있는 한 물질적으로도 가난하다고 생각할 것이다. 올바르고 열린 마음과 다정한 마음을 가진 사람은 비록 물질적으로는 가난하다 하더라도 완전한 풍요로움을 얻을 것이다. 만족하지 못하는 사람은 가난하다. 자신이 가진 것에 만족하는 사람이 부유한 사람이며, 자신이 가진 것을 아낌없이 나눠 주는 사람은 그보다 더 부유한 사람이다.

우주가 물질적으로나 영적으로나 선한 것으로 넘쳐나고 있다는 사실에 대해 생각하고 이를 한 줌의 금화나 손바닥만 한 땅을 손에 넣으려는 인간의 맹목적인 욕망과 비교하면 이기심이란 게 얼마나 어둡고 무지한 것인지 깨닫게 될 것이다. 그러면 우리는 이기심이란 곧 자기 파괴를 의미한다는 사실을 알게 된다. 자연은 망설임 없이 가진 모든 것을 베푸는 데도 아무것도 잃지 않는다. 모든 것을 가지려는 인간은 모든 것을 잃는다.

선을 이루는 내적 자질을 갈고 닦아라

진정한 풍요로움이, 많은 사람들이 그러한 경우를 당했듯이, 옳은 일을 하면 모든 것이 잘못된다는 믿음에 찾아오지 않는다는 것을 깨달으면 '경쟁'이란 단어가 숭고한 정의에 대한 당신의 믿음을 뒤흔들지 못하게 하라. 사람들이 '경쟁의 법칙'이라고 하는 데에는 아무런 흥미로울 것이 없다. 불변의 법칙이 언젠가 이러한 것들을 한번에 쓸어내리라는 사실을 알기 때문이다. 올바른 사람들의 마음과 삶에서는 이미 이루어진 일이다. 이 법칙을 알고 있기에 나는 인간 사회의 모든 부정에 대해 차분하게 관조할 수 있다. 이들 앞에는 확실한 파멸이 기다리고 있음을 알기 때문이다.

모든 상황에서 당신이 옳다고 믿는 것을 행하라. 그리고 우주에 내재하는 거룩한 법칙과 거룩한 힘을 믿어라. 그렇게 하면 이것들은 결코 당신을 버리지 않을 것이며 언제나 당신을 보호할 것이다. 이러한 믿음에 의해 당신은 모든 상실을 이익으로 전환할 것이며 당신을 위협하는 모든 저주를 축복으로 바꿀 것이다. 어떠한 경우에도 성실함과 관대함, 그리고 사랑을 잃지 마라. 이들이 에너지와 결합될 때 당신은 진정으로 풍요로운 상태에 이를 수 있을 것이다.

　세상이 당신에게 '가장 뛰어난 자'를 섬기고 다른 자는 그 뒷전에 놓으라고 말해도 결코 믿지 마라. 이렇게 하는 것은 다른 사람을 전혀 생각하지 않고 자신의 안위만을 위에 두는 행동이다. 이러한 행동을 하는 사람들은 언젠가 모두에게 버림을 받게 되며 그들이 고독과 비탄에 잠겨 울부짖을 때 아무도 그들의 울음소리를 듣지 못하고 도움을 주는 사람도 없을 것이다. 자신을 모든 사람들에 앞서 생각하는 것은 모든 고상하고 거룩한 충동을 왜곡시키고 막고 옭아매는 짓이다. 당신의 영혼이 끝없이 뻗어나가게 하라. 당신의 마음이 다른 이들의 마음에 사랑과 관대한 온기를 전하게 하라. 그렇게 하면 사라지지 않는 크나큰 기쁨이 당신의 것이 되리라. 그리고 모든 풍요로움이 당신에게 오리라.

정의로운 대로를 벗어난 사람들은 경쟁에 빠지지 않도록 주의해야 한다. 늘 올바른 의무만을 추구하는 사람들은 그러한 걱정을 할 필요가 없다. 이것은 허튼 말이 아니다. 성실과 신념의 힘으로 모든 경쟁에서 벗어난 사람들이 있다. 그들은 경쟁으로부터 도발을 받아도 자신의 방법에서 한 치도 벗어나지 않고 꾸준히 풍요를 향해 오른다. 반면에 그들을 무너뜨리려 했던 사람들은 패배해서 쓰러진다.

선을 이루는 이러한 내적인 자질을 소유하는 것은 모든 악의 힘으로부터 자신을 보호할 갑옷을 입는 것과 같으며, 시련이 있을 때마다 이중으로 보호를 받게 됨을 의미한다. 자신을 이러한 자질 속에서 갈고 닦는 것은 흔들리지 않는 성공을 쌓아올리는 일이며 영원히 사라지지 않는 풍요에 이르는 길이다.

옮긴이의 말

혼탁한 세상 속의 맑은 샘물 같은 책

온 국민이 잘살아보세를 외치며 산업사회로 들어선 지 어언 40여 년의 세월이 흘렀다. 아무리 자본주의사회가 물질주의를 낳게 마련이라고 해도 요즈음의 사회상은 도를 지나친 듯 보인다.

오직 물질적인 부만이 모든 문제의 해결책으로 비쳐지며 기존의 도덕관은 낡은 가치로 치부되어 모두 좀 더 빠르고 좀 더 편리하고 좀 더 풍요로운 생활을 열망하는 속에서 진정한 행복과 만족은 실종되었다. 그 결과 사람들이 약간의 돈을 위해 죄책감 없이 다른 사람의 생명을 빼앗는 일이 빈번히 일어나는 것은 물론이고 심지어 한 가정 안에서 피를 흘리는 사태도 낯설지 않은 일이 되었다. 이런 참혹한 일이 아니더라도 모두 무한 경쟁 속에 몸을 던지며 남보다 한 발이라도 앞서 나가려는 가운데 인생의 참된 목적을 찾는 일 같은 것은 이미 오래전에 무의미하게 된 듯이 보인다. 이런 환경에서 자라난 아이들이 만들 세상이 어떤 모습이 될지 상상하는 것만으로도 가슴이 서늘하다.

이것이 모두 지난 세월 동안 무엇이 옳고 무엇이 진정 가치 있는 것인지 가르치는 정신적인 교육과 가치관이 부재했기 때문에 생겨난 일이다. 현재 이러한 도덕적인 진공 상태는 사회 밑바닥뿐만 아니라 지도층까지도 확산되어 올바로 살아가자는 생각을 가진 이들마저 혼란스럽고 허탈하게 만들고 있다. 어느 정도 사회의 물질적인 부가 궤도에 올라선 지금 잃어버린 정신적인 부를 되찾기 위해 본격적으로 노력하지 않는다면 다시 돌이킬 수 없는 일이 벌어질 것이다.

지금 이 세계는 혼탁함과 부정함으로 가득 차 있다. 굳이 철학자가 아니더라도 신문 지면을 메우는 각종 게이트와 부정부패 사건을 보면 과연 이 세상에 정의가 있는 것인지, 나 혼자라도 바르게 살겠다는 생각이 무슨 의미가 있는지 의문이 절로 든다. 그리고 똑바로 살아가려는 사람은 세상의 흐름에서 뒤처지고 있는 게 아닐까 하는 의

구심마저 든다. 그러나 제임스 앨런은 이렇게 말한다.

"세파에 흔들리지 말고 옳은 일을 하겠다고 생각하라. 그것이 바로 행복에 이르는 길이다."

제임스 앨런은 거의 1백 년 전 인물이지만 그의 책은 오늘날을 살아가는 사람들도 귀 기울여 들어야 하는 가르침으로 가득 차 있다. 산업사회와 자본주의가 이미 완성되었던 20세기 초 영국에서 물질만을 추구하는 사람들에게 경종을 울렸던 그의 책은 탈산업사회에 들어선 21세기에도 퇴색하지 않는 메시지를 전한다.

가장 중요한 것은 정신이며 그 정신이 우리의 운명과 행복을 결정한다는 그의 확고한 주장은 흔들리지 않는 신념의 중요성을 가르쳐준다. 세상 사람들이 무슨 말을 해도 정의롭고 올바른 생각만을 하고 옳은 일을 행하라. 이 세상에 부정이 횡행하고 어둠이 제아무리 날뛰어도 그림자는 빛을 완전히 가릴 수 없다. 진정한 풍요는 마음속에 있는 것이다. 이 책을 통해 많은 사람들이 잃어버린 마음의 평화와 행복을 찾기 바란다.

임지현

옮긴이 **임지현**

이화여자대학교를 졸업한 후 뉴욕대학교에서 석사학위를 받았다.
옮긴 책으로는 《브리짓 존스의 일기》《브리짓 존스의 애인》《여자의 결혼식은
늦을수록 좋다》《야망의 덫》《인간이란 어떤 것인가》《나를 기억하라》
《트레인스포팅》《작은 실천이 세상을 바꾼다》《올리비아 줄스의 환상을 쫓는
모험》《시티즌 걸》《탱글렉》《알렉스 퍼거슨 나의 이야기》등 다수가 있다.

위대한 생각의 힘

1판 1쇄 발행 2005년 7월 15일
2판 1쇄 발행 2013년 2월 25일
2판 11쇄 발행 2024년 4월 1일

지은이 제임스 앨런 | 옮긴이 임지현
펴낸곳 (주)문예출판사 | 펴낸이 전준배
출판등록 2004. 02. 12. 제 2013-000360호 (1966. 12. 2. 제 1-134호)
주소 04001 서울시 마포구 월드컵북로 21
전화 393-5681 | 팩스 393-5685
홈페이지 www.moonye.com | 블로그 blog.naver.com/imoonye
페이스북 www.facebook.com/moonyepublishing | 이메일 info@moonye.com

ISBN 978-89-310-0498-4 03840

◦ 잘못 만든 책은 구입하신 서점에서 바꿔드립니다.
문예출판사® 상표등록 제 40-0833187호, 제 41-0200044호